QUICONQUE EXERCE
CE MÉTIER STUPIDE
MÉRITE TOUT
CE QUI LUI ARRIVE

DU MÊME AUTEUR

PETIT JOSEPH (Fayard).
M'EN FOUS LA MORT (Mazarine).
GITON (Le Seuil).
LES SENTIMENTS (Le Seuil).
L'EUROPE MORDUE PAR UN CHIEN (Points-Seuil).
L'ESPRIT DE VENGEANCE (Grasset).
LES MAISONS (Grasset).
MON ONCLE (Grasset).
L'ÉDIFICE DE LA RUPTURE (Actes Sud).
FORME D'AMOUR Nº 3 OU 4 (Grasset).
RETOUR À EDEN (Grasset).
QUAND JE SUIS DEVENU FOU (Fayard).
LE VOILE, LE VISAGE, L'ÂME (Fayard).
CONTRE L'IMAGINATION (Fayard).
MA VIE TROPICALE (Grasset).
L'EMPIRE DE LA MORALE (Prix de Flore 2001 – Grasset).
AINSI VA LE JEUNE LOUP AU SANG (Prix Jean-Freustié 2004 – Grasset).
L'INFLUENCE DE L'ARGENT SUR LES HISTOIRES D'AMOUR (Grasset).
BANG ! BANG ! (Grasset).
UN ROI SANS LENDEMAIN (Grasset).
20 000 EUROS SUR SÉGO ! (Grasset).
VIVRE ENCORE UN PEU (Grasset).
À QUOI JOUENT LES HOMMES (Grasset).
READY CASH (Actes Sud).

(Suite en fin de volume)

CHRISTOPHE DONNER

QUICONQUE EXERCE CE MÉTIER STUPIDE MÉRITE TOUT CE QUI LUI ARRIVE

roman

BERNARD GRASSET
PARIS

Photo de la bande : J. F. Paga © Grasset, 2014.

ISBN : 978-2-246-80032-3

à Sabyl

Le 31 décembre 1966, à cinq heures et demie de l'après-midi, le producteur de cinéma Raoul Lévy frappe à la porte de l'appartement d'Isabelle Pons, au n° 38 de la Résidence du Casino, à Saint-Tropez.

— Ouvre-moi, Isabelle.

Isabelle ne veut plus le voir. Surtout pas ce soir. Elle a prévu de passer le réveillon, tranquille, avec ses parents.

— Je veux te parler, c'est tout.

Elle se méfie. Il est vraiment terrible. Si elle le laisse entrer, ça va durer des heures. Elle sait exactement ce qu'il va lui dire, la même chose qu'il lui promet depuis des semaines : un film qui va faire sa gloire, sa fortune, mais il y a erreur sur toute la ligne, elle n'a aucune ambition de starlette, elle a vingt-deux ans, il en a le double, elle ne veut pas devenir sa maîtresse, elle ne veut pas de son amour, elle n'y croit pas.

— Laisse-moi, lui dit-elle tandis qu'il frappe à la porte, de plus en plus fort.

Elle a l'impression qu'il frappe avec un bâton, elle commence à avoir peur, elle appelle son père au téléphone :

— Je ne sais plus quoi faire, je crois que Raoul est devenu fou.

— Allons, tu exagères.

Les coups redoublent à la porte.

— Isabelle, ouvre-moi. Ma voiture est en bas, je pars, je veux te dire au revoir, c'est tout.

Elle hésite, il a probablement bu. Il recommence à cogner à la porte, mais avec fureur, sans s'arrêter.

— Va-t'en, Raoul, je t'en prie. Je veux rester seule.

Elle n'imagine pas que le bâton avec lequel il cogne la porte est un fusil de chasse. Le coup de feu éclate.

Le silence se fait, pas exactement le silence, Isabelle entend un râle derrière la porte, elle s'approche, elle se doute, elle ouvre et découvre le corps de Raoul gisant sur le palier. La décharge de chevrotines lui a arraché le bas-ventre, il y a du sang partout. Isabelle crie.

– 1 –

Jean-Pierre Rassam relance avec une paire d'as. Le réveillon, il s'en tape, les fêtes se succèdent à une fréquence telle qu'on n'appelle plus ça des fêtes, ni des soirées, encore moins des réceptions, pitié Seigneur. Il y a du caviar sur roulette, des magnums dans les seaux à glace, la flemme de les ouvrir, des drogues de différentes sortes qu'on renifle sur le marbre du manteau de la cheminée, qu'on fume ou qu'on s'injecte assis au bord de la baignoire, des jeunes, pas tous, des hommes d'affaires, des diplomates, des profs d'économie qui courent après leurs élèves jusque dans le couloir des communs de ce très vaste appartement, un peu délabré, le nombre de chambres n'est pas défini, elles servent de placard ou de boudoir, elles n'ont plus ni serrure ni poignée. Il y a des postes de télé branchés sur la première ou sur la deuxième chaîne.

Rassam est assis dos au mur, de manière à garder un œil sur ce qui se passe, sa bande, sa cour, et à l'autre extrémité de la pièce sa petite sœur Anne-Marie, et Annie Chardon, sa fiancée. Elles causent et fument. Il y a plus de filles que de garçons, on a parfois du mal à distinguer les putains des thésardes tellement elles sont toutes belles, libérées, ou en voie de l'être. Celles qui n'ont pas de parents riches prennent l'accent anglais, ça suffit. La plupart des garçons ont passé leurs concours d'entrée aux grandes écoles les doigts dans le nez, maintenant ils commencent à s'emmerder à Paris, ils se demandent s'ils ne devraient pas essayer le M.I.T., ou alors complètement autre chose, la peinture abstraite. Action painting, tu connais ? La conversation avec les types de Censier a tourné sur Ray Bradbury, pour déboucher sur le dernier film de Godard et sa théorie de la prostitution urbaine, qui est normale, d'après lui : les ouvriers se prostituent, les artistes se prostituent, les femmes pratiquent la division du travail, mon cul de telle à telle heure. Annie adore Godard, elle a hâte de voir le film le seul truc c'est Marina Vlady en pute elle n'y croit pas.

— T'as rien compris ! c'est justement ça qui est bien, parce qu'on ne peut plus faire de film, aujourd'hui, c'est mort, c'est ça que Godard nous annonce : la fin du cinéma. Capiche ?

Anne-Marie n'a plus envie de suivre cette discussion débile, elle regarde Annie à travers la bouteille de vodka, elle se fait son film psychédélique, travelling anamorphique sur « la bande à Rassam » qui est aussi la sienne, serviteurs, secrets informateurs, partenaires corvéables, portefaix en tout genre, increvables flagorneurs, fondu au noir, elle finit la bouteille en se demandant si elle doit abandonner ses études de droit, de temps en temps elle peint, ne veut rien montrer, n'a pas envie de devenir peintre, pense qu'elle deviendra ce que le hasard décidera, peut-être un jour, comme ça, en marchant dans la rue, en buvant des verres de Viandox à la terrasse du Flore. En fait, elle en a ras le bol de tout ça, le seul truc qui l'intéresse aujourd'hui c'est la mode, *Polly Maggoo*, elle a vu le film trois fois, elle ne peut plus imaginer la vie sans Paco Rabanne. De toute façon, la peinture aussi, c'est mort, il faut faire la révolution culturelle, elle est d'accord avec Mao, faut tout balancer. Et on n'ose pas. Elle a adoré les inondations à Florence : cinq siècles de peinture italienne à la baille. Notre Petit Livre rouge, a dit Rassam, c'est l'indice des marées. Personne n'a compris. Ils ont rigolé tous les deux. Ils n'ont pas besoin de s'en faire. Jean-Pierre est plein aux as, c'est le cas de le dire : il est encore en train de plumer tout le monde, elle le sent à son regard, d'un bout de la pièce à l'autre. Ils ne se perdent jamais.

Ils sont cinq à la table de poker. Il y a d'abord Paul-Antoine Djimbira, fils d'un président africain. Rassam et Djimbira se sont connus enfants, avant l'indépendance du pays, ils jouaient aux cow-boys et aux Indiens dans les jardins du Quai d'Orsay, leurs pères ayant des intérêts communs dans la prospection pétrolière au large de Djibouti.

Benjamin Tadjer est assis à côté de Rassam, comme toujours, comme il y a dix ans, le jour de leur entrée en classe de seconde à Janson de Sailly, quand l'ordre alphabétique les a placés au même pupitre.

Rassam n'avait jamais vu un garçon aussi timide et mal sapé. Il puait la misère, ce qui conférait à sa beauté un charme redoutable, très accrocheur.

Le petit Arabe, agité et friqué, s'est empressé de serrer la main du petit Juif, raide d'angoisse, comme pour le sortir de là :

— Moi, c'est JP. Tu veux devenir mon copain ?

— D'ac.

Un de leurs premiers exploits fut d'entrer clandestinement au cinéma Le Normandie, la plus grande salle des Champs-Elysées, le jour de la sortie d'un film dont tout le monde dit du mal, *Et Dieu... créa la femme*. Titre prétentiard, c'est certain, mais le film est interdit aux moins de 18 ans, ça ne peut donc pas être complètement nul.

Et il y a cette fille, sur l'affiche.

Le samedi 1er décembre 1956, à cinq heures de l'après-midi, Rassam et Benjamin tombent amoureux de la même femme en même temps. Ils sont tellement excités par Brigitte Bardot qu'au moment où elle danse à moitié nue entourée de joueurs de mambo chauds comme la braise, ils se mettent à engueuler Trintignant qui la supplie d'arrêter :

— Ta gueule, connard ! Continue, Brigitte ! A poil ! A poil !

Expulsés par le directeur de la salle, et bien chanceux de ne pas se retrouver au poste, leur camaraderie prend une nouvelle tournure ; ils sont désormais des inconditionnels du cinémascope couleur.

A l'époque, Rassam porte des chaussures italiennes et *Pour un homme* de Caron. Il laisse pousser ses cheveux, et il a une Vespa sur laquelle il emballe maintenant les filles qui rêvent de Benjamin.

Les Laurel et Hardy de la drague ne se quittent plus. Ils font tout ensemble, de la contrebande de chaussures italiennes, des coups à la Bourse, du recel de tuyaux percés sur l'hippodrome d'Enghien, la fréquentation des travestis indonésiens et l'expérimentation des champignons mexicains. Plus tard, la fortune aidant, la pêche à la baleine dans les mers du Nord et la chasse aux trésors sous les tropiques.

Pour Benjamin dix ans en compagnie du type le plus sensas du monde, et pour Rassam le souci d'épater son Benjo en permanence, avec l'inquiétude de le perdre, pour une fille, ou pire, pour un ami plus riche, plus flambeur, plus aventureux.

— Je ne suis pas jaloux, lui explique Jean-Pierre, je suis possessif.

Ce qui leur permet de baiser ensemble la même fille, sans se faire du mal.

Benjamin va bientôt tout lui devoir, et ce n'est pas une façon de parler. Les filles, les profs, les clients, Rassam les met à ses pieds, et quant à sa prétendue nullité scolaire, Benjamin ne doit pas s'en soucier non plus, elle ajoute à son charme, prétend Rassam qui lui explique comment s'en faire une posture, une philosophie. Rassam paie absolument tout, transforme l'éphèbe en gravure de mode, l'athlète en champion, le rescapé du Vel d'Hiv en Gatsby des beaux quartiers. En retour, Benjamin n'a qu'un dieu et il s'assied à sa droite, beau et fragile comme une porcelaine de Saxe. La seule chose que Benjamin n'obtient pas de Rassam c'est sa sœur. Ce n'est pourtant pas l'envie qui lui manque. Il finira par l'avoir, beaucoup plus tard.

Après le bac, Rassam doit entrer à Sciences Po. Paul-Antoine Djimbira met à la disposition de Jean-Pierre cet appartement, à l'angle de la rue Saint-Guillaume et du boulevard Saint-Germain. Le côté pratique n'échappe à personne, c'est la vraie cour de récréation de l'école. Cependant, Benjamin s'est lancé dans « la vie active », Rassam finançant l'entreprise gaguesque : la chaussette colorée, à pois, à motifs, vendue comme une marque anglaise.

En deux ans, Benjamin Tadjer devient le plus gros fournisseur de chaussettes à losanges. Il gagne tellement de fric qu'il s'achète une Porsche, une Jaguar, trois chevaux de course, et que je te chasse le requin dans les mers du Sud, que je t'emmène au casino de Deauville. Et jamais sans Rassam, qui ne se déplace jamais sans sa sœur.

Benjamin va monter une marque de jeans, de blousons à col de fourrure, l'idée étant toujours de faire croire aux petits frimeurs du seizième qu'ils achètent du made in England alors que tout est fabriqué dans les caves du Sentier.

Benjamin reste une créature douée d'indépendance, le danger est permanent, la concurrence à fleur de peau. Chaque nouveau venu est passé au laser, et au besoin détruit. Cruel ami que celui qui vous fait prince. On ne compte plus les victimes, filles et garçons. Ce soir, il ne semble pas qu'il y ait de souci à se faire avec les deux types que Benjamin a ramenés pour la partie : un petit qui ressemble à rien, et un grand qui voudrait ressembler à Humphrey Bogart, dans sa façon de fumer.

Le petit qui ressemble à rien, c'est Claude Berri, un acteur qui commence à perdre ses cheveux. Jean-Pierre l'a rencontré au mariage d'Evelyne Ker, une actrice qui n'a pas tourné depuis cinq ans, et qui d'après Jean-Pierre se mariait à cause de ça : « Mariage, constat d'échec, bouée de sauvetage, mensonge institutionnel ! » Ce soir-là, comme chaque fois à l'occasion des mariages, Rassam n'avait pas pu s'empêcher de faire son numéro en faveur de la polygamie et de l'inceste, ses bouffonneries alcoolisées avaient beaucoup amusé Berri qui s'était approché du provocateur, et en avait pris à son tour pour son grade :

— J'ai une recette pour tes cheveux. Tu sais jouer au poker ?

— Comme tout le monde.

— Alors viens chez moi un soir, pour finir de te faire tondre.

L'autre, avec son clope hollywoodien au bord des lèvres, c'est Gérard Lebovici, lui aussi acteur raté, mais beaucoup plus de classe. Il ressemble à quelque chose de reconnaissable : un voyou, d'ailleurs il vient de monter une agence d'acteurs.

Voilà une heure qu'ils jouent. Berri sourit, crispé comme un cheval pris de coliques. Ça lui fait trop mal de perdre cet argent. Les premières donnes lui ont pourtant été profitables, mais au bout de cinq ou six whiskies, et à force de fourrer sans arrêt sa main dans la poche de sa gabardine accrochée au dossier de sa chaise, la chance a tourné.

Du côté de Lebovici ça ne va pas mieux, il a beau pencher la tête en parlant du nez pour regarder ses cartes à travers la fumée de sa gitane, il n'a que des mains moisies depuis le début. Se faire plumer par un Libanais, et qui les nargue, en plus :

— Cette partie, dit Rassam pour tendre un peu plus l'atmosphère, je la trouve marrante : un nègre, un métèque et trois youpins.

Berri pouffe de rire, c'est nerveux, il se reprend en voyant la tête de Lebovici qui ne trouve pas ça amusant du tout. Le bavardage incessant de Rassam le rend dingue, cette façon de gagner en parlant de saint Augustin, de Fernandel et de Spinoza, c'est saoulant. Et voilà maintenant qu'il se lève pour aller monter le son de la télé où Jean Marais et Macha Méril présentent « la soirée du réveillon sur les deux chaînes ». Il exige le silence, oblige tout le monde à regarder Chazot en dompteur de Bluebell Girls, qui balance des coups de fouet sur son troupeau de danseuses nues.

— Est-ce qu'on peut faire plus con que la télé française ?

Il pose la question pour que personne ne réponde, comme la plupart des questions qu'il pose, et Lebovici soupire, ça ne se fait pas de quitter la partie comme ça, il y a des règles :

— Est-ce qu'on peut reprendre ?

— Il a touché quelque chose, le petit marchand d'esclaves ?

Lebovici pourrait lui mettre son poing dans la gueule. La perspective de passer la nuit du réveillon au poste le retient, il garde son calme en tripotant son paquet de gitanes. Il va récupérer son fric avec ce full et se casser. Il pousse son tapis : cinquante mille.

— Si tu fais ça parce que tu es énervé, c'est bébête.

C'est alors qu'Anne-Marie débarque, se penche pour chuchoter quelque chose à l'oreille de son frère, qui sourit. Gérard Lebovici est pris d'un soupçon. Est-ce qu'elle a regardé son jeu en passant derrière lui ? Difficile. Alors quoi ?

Rassam extirpe de son tas un billet de cent francs qu'il donne à sa sœur, elle l'embrasse sur la joue, sourit aux autres. « Et là, écrira Claude Berri trente-sept ans plus tard dans son *Autoportrait*, c'est le choc du premier regard. Je la trouve d'une beauté à nulle autre pareille. Elle me fixe de ses grands yeux. Je me détourne. Je crois qu'elle a quatorze ans… »

Anne-Marie disparaît dans la fumée du cigare de son frère. Rassam lance à son adversaire :

— Cinq cents pour te voir.

Il pousse l'argent au milieu de la table.

Lebovici montre son full. Rassam lâche un rond de fumée qui tournoie au-dessus de la table, et il abat ses trois rois et ses deux valets.

— Rassam ramasse, dit-il en ramenant vers lui, d'un geste ample du bras, tout l'argent du pot.

Gérard Lebovici replie ses lunettes fumées qu'il range dans la poche de sa veste. Il n'est jamais tombé dans un traquenard pareil. Il écrase son paquet de gitanes et se lève.

— Tu pars, demande Rassam, comme c'est triste !

Lebo quitte la table, mais alors qu'il traverse la grande pièce, il est rattrapé par une fille :

— T'as perdu, mon chéri ?

— Lâche-moi.

— Oh, c'est pas grave, tu sais, j't'aime quand même, tu vois.

Il la repousse, elle s'accroche, complètement bourrée, il la gifle, soulevant une vague de protestations à quoi il répond par un doigt d'honneur.

— C'est qui ce clown que tu nous as ramené ?

— Un clown, s'excuse Berri. Je ne l'ai jamais vu comme ça. Je n'aurais pas dû lui dire de venir.

— Non, tu n'aurais pas dû. Je déteste les gens susceptibles.

La porte d'entrée de l'appartement claque sur son chambranle.

Dans le silence qui s'ensuit, on entend la petite voix de Macha Méril à la télé. Elle tremble aux côtés de Jean Marais. Les millions de téléspectateurs ne savent pas qu'elle vient d'apprendre la mort de Raoul Lévy, le producteur de son dernier film. Ce n'est pas malin de lui annoncer ça juste avant son entrée sur le plateau, alors qu'elle regardait Raymond Devos en train de faire le mariole. Ils auraient pu attendre. Non. Ils l'ont tirée des coulisses pour lui parler : « Raoul s'est tiré un coup de fusil dans le ventre, devant la porte d'Isabelle. » Macha a d'abord voulu s'enfuir, puis éclater en sanglots. The show must go on. Elle s'est lancée, bouleversée, sans rien laisser paraître de plus que ses yeux perpétuellement embués de tristesse, c'est son genre, et c'est ce qui trouble Rassam.

Macha Méril a joué dans un film de Godard. Rassam a une théorie sur les actrices de Godard : « Ce ne sont pas seulement les plus belles femmes, ce sont les plus vraisemblables. »

Là, elle fait son petit oiseau blessé ; est-ce qu'elle joue, est-ce que c'est naturel, et qu'est-ce que ça veut dire « naturel » ?

Elle avait prévu de chanter cette chanson, comme une prémonition. On envoie le play-back :

Où es-tu, dis, où es-tu sans moi,
Aujourd'hui, je revois le jardin et les rues
Où nous allions parfois
Et ton nom et ta voix me poursuivent
Où es-tu, dis, où es-tu
Et pourquoi, pour quel monde es-tu parti…

Elle se perd un peu dans le play-back, le trac le dispute au chagrin, la France téléspectatrice est attendrie, moins par les paroles tragiques que par le geste de Jean Marais qui l'embrasse pour la féliciter :

— Bravo. Je la trouve très très très jolie cette chanson, et j'espère que vous allez en chanter beaucoup d'autres, et que vous serez très heureuse dans la chanson, comme dans vos films.

Rassam coupe le son, se tourne vers Berri :

— Il te reste combien, mec ?

— Rien, j'arrête, je suis lessivé moi aussi.

— Attends ! Benjamin va te prêter cent mille balles.

— Non non, je ne pourrai pas les rendre. Vaut mieux que je m'en aille.

— Mais putain, c'est qui, ces mecs qui travaillent dans le cinéma ? On ne vous donne pas à manger ou quoi ? Il est même pas minuit, ça va être la nouvelle année, il peut y avoir un miracle, on sait jamais, allez, reste !

— Une autre fois. Merci. Là, je suis nase.

— Stop ! Tu ne peux pas les rater, celles-là, je les adore !

A la télé, Les Parisiennes, quatre filles sexy en robe argentée viennent d'entamer leur morceau, le tube le plus dansant de l'année :

« L'argent… ne fait pas le bonheur. »
Celui qui a dit ça
Est un sacré menteur !

Rassam s'est levé pour monter le son et il chante avec elles :

« L'argent… ne fait pas le bonheur. »
Nous quand on nous dit ça
On répond : Et ta sœur !

Rassam veut faire chanter sa bande. Il ouvre les portes fenêtres pour entraîner ses amis dans une ronde. Ils sont trop défoncés, et ils n'aiment pas ça, les rondes. Tant pis pour eux, il chante, seul, à tue-tête en courant sur le balcon, traversant la chambre, le couloir, avant de réapparaître dans la grande pièce :

« L'argent… ne fait pas le bonheur. »
Nous quand on nous dit ça
On s'écroule et on pleure !

Il s'écroule, essoufflé, à sa place, et s'adresse à Berri :

— Alors alors ?

Berri plonge une nouvelle fois la main dans la poche de sa gabardine, il en sort une statuette que tous reconnaissent, n'ont jamais vue en vrai, ils ont un doute, est-ce qu'il s'agit bien de ce à quoi ça ressemble, et comment c'est possible, qu'est-ce que ça fait là ?

Berri pose l'objet lourd et doré sur la table, écrasant le tas de billets de banque :

— C'est mon Oscar.

Après un moment de stupeur, Rassam s'empare de cette chose qui brille et semble sortie tout droit du stade olympique de Nuremberg. On ne peut pas appeler ça un objet d'art.

— C'est lourd, la vache ! Ça doit bien faire dans les quatre kilos, ce machin.

— Ce n'est pas de l'or, dit Berri, c'est juste doré.

— Je sais. On trouve les mêmes dans les brocantes de Cape Cod à mille dollars.

Sur le socle, on peut lire : « Academy award, 1966, to Claude Berri for his short film – *Le Poulet* ».

Rassam scrute le visage de Berri. Il ne pige pas le rapport entre le type rondouillard qu'il vient de plumer et cette fameuse statuette, symbole de la réussite hollywoodienne.

— Ton court-métrage s'appelle *Le Poulet* ?

— Oui.

— Bon. Ecoute-moi, mec. Que tu aies eu un Oscar, j'ai déjà du mal à le croire, pour un film qui s'appelle « Le Poulet », c'est pas pensable mais que tu te promènes avec, le soir du réveillon, là, il faut que tu m'expliques.

— J'ai cru qu'il me porterait chance.

On rit. L'atmosphère se détend. Rassam demande qu'on leur apporte une bouteille de champagne. Il offre un cigare à Berri.

— T'as pas trouvé mieux comme titre ? Je ne sais pas, moi, « Le Flic » par exemple, ou « Le Condé ».

— Mais ce n'est pas un film policier.

— Ah bon ? Ne me dis pas que ça se passe à la campagne !

— En banlieue. C'est l'histoire d'un petit garçon dont les parents achètent un poulet, en vue de l'engraisser pour le manger. Le petit garçon se prend d'affection pour l'animal, et il ne veut pas que son père lui coupe la tête. Alors il a l'idée de placer un œuf dans la caisse du poulet pour faire croire que c'est une poule. Les parents sont d'abord très étonnés, mais finalement ils sont contents d'avoir une poule qui leur donne un œuf par jour. Tous les soirs, le gosse leur vole un œuf dans le frigo et le place dans la caisse du poulet. Jusqu'au jour où, ayant grandi, le poulet pousse un cocorico qui révèle la supercherie. Le petit garçon avoue son escroquerie et tout le monde se réconcilie dans le lit conjugal, tandis que le coq chante à tue-tête.

— Et ils t'ont donné un Oscar pour ça ?

– 2 –

C'est Jean-Louis Trintignant qui a introduit Claude Berri dans le milieu du cinéma. Ils avaient fait leur service militaire ensemble, en Algérie.

Jean-Louis était déjà une vedette, pas encore comme acteur mais comme neveu d'un célèbre pilote de courses automobiles, Maurice Trintignant, autour de qui rôdait un certain nombre de jeunes gens qui rêvaient tous de devenir pilotes de courses, ou acteurs de théâtre, ou vedettes de cinéma, de tout ce qu'on veut, n'importe quoi, ils étaient prêts à tout, et même à changer son nom de Langmann pour celui de Berri.

Claude Berri a fait la connaissance de Maurice Pialat en septembre 1954, chez les Trintignant. Pialat venait de réaliser *Isabelle aux dombes*, un film muet, expérimental, envoûtant, avec une voiture, une femme martyrisée et un homme néfaste. Un film de huit minutes en noir et blanc que Berri a trouvé génial, lui qui, à l'époque, n'avait pas dû voir plus d'une dizaine de films dans sa vie. Berri a tout de suite aimé Pialat, comme un enfant s'installe aux pieds d'une idole. De neuf ans son aîné, Pialat s'en est d'abord amusé, et petit à petit il a pris goût à cette relation, il a aimé taquiner son disciple, le gronder, l'humilier, jusqu'à ne plus pouvoir se passer de torturer sa proie.

Pialat avait essayé d'être acteur, lui aussi, ça n'a collé avec personne, aucune troupe, à cause de son sale caractère. C'est aussi ce qui plaît à Claude : lui rappelle le sale caractère de son père. Un père très tendre, colérique et frappeur, que Berri adore au-delà de tout. La cause est entendue ; tous les hommes de génie ont un sale caractère, et c'est la fréquentation de ces êtres difficiles qu'il recherche. Lui-même est parfois tenté de les imiter, il essaie de piquer des colères, son bon fond prend chaque fois le dessus, il n'arrive jamais à montrer autre chose que de la mauvaise humeur. Par manque de génie, se dit-il, ce qui n'empêche pas l'ambition, une ambition dont le changement de patronyme est le symptôme le plus visible et inefficace. Le nom de Berri ne sonne pas mieux que celui de Langmann, et la guerre est finie, il ne s'agit pas de faire plus français, ou moins juif. Ce n'est d'ailleurs pas cette amputation qui l'aide à se faire embaucher comme silhouette sur *French Cancan*, le film de Renoir ; elle ne lui a même pas valu de paraître au générique, pas même sous le nom de Berri. Il s'en recommande malgré tout : « Je suis dans le Renoir », et il a l'impression qu'on ne le regarde plus pareil.

Pialat tourne son deuxième film, *L'Ombre familière*, qui n'est rien d'autre qu'un chef-d'œuvre, d'après Berri qui admire aussi l'économie de ce film de 25 minutes, écrit, réalisé, produit par Pialat tout seul, sans argent, avec des acteurs inconnus, pas payés. Il faut promouvoir le génie de Pialat. Claude s'y consacre, il l'introduit auprès de ses amis acteurs qui commencent à se faire un nom, comme Guy Bedos, Stéphane Audran, il lui fait connaître des producteurs, voudrait l'emmener sur les tournages où il fait la silhouette.

— Je peux te présenter Becker ! Autant-Lara ! Pierre Chenal !

— Tu n'as pas plus cons ?

— Renoir ! Jean Renoir.

— Tout ça c'est fini, Claude. Présente-moi plutôt ton père. Ta famille. Tu n'as pas envie ?

Et comment ! Il n'attend que ça.

Maurice Pialat fait la connaissance du père de Claude, Hirsch Langmann, il est frappé par la gentillesse du bonhomme, son enthousiasme, ce qui l'intrigue le plus c'est l'ambiance qui règne ici, il n'a jamais connu ça : une famille heureuse, un père aimant, une mère efficace. Et puis, il y a Arlette, la petite sœur de Claude, dix ans, tellement mignonne et marrante avec son grain de beauté sur le bout du nez.

De son côté, Hirsch est emballé par le nouveau camarade de son fils, voilà enfin un vrai artiste, costaud, intelligent, pas frimeur, évidemment de gauche, et peut-être même communiste. Il l'adopte : « Tu viens quand tu veux, tu es ici chez toi. » Pialat ne se fait pas prier, il passe la moitié de son temps rue du Faubourg-Poissonnière. Pourtant, il est marié avec Micheline, mais justement, ça ne va pas fort de ce côté-là, il en fréquente une autre, Colette, qui le largue, ou qu'il a quittée, enfin c'est compliqué, l'amour libre est un combat, et une nouvelle source de fascination pour Berri, tellement fier que son ami trouve refuge chez lui, et de voir Arlette lui sauter dans les bras quand il débarque.

Chacune des crises conjugales de Pialat resserre un peu plus les liens avec Berri.

— On pourrait faire un film là-dessus.

Ils ont le titre : *Janine*. Hirsch est le premier à y croire, il trouve que ces deux garçons sont complémentaires « comme la faucille et le marteau de la révolution en marche » : Claude écrit le scénario, Maurice le dirigera, ça sera le triomphe de cette amitié rare ; Hirsch voit les choses comme ça avec son optimisme à toute épreuve. Sauf que pour l'instant c'est la galère, le fric manque, Claude n'arrive pas à trouver les bons rôles, et Maurice doit se contenter de faire des documentaires en Turquie. Pendant ce temps-là, Chabrol, Truffaut, Malle tournent et retournent, on dirait qu'ils n'ont qu'à claquer des doigts pour trouver de l'argent... pour des films qui ne sont pourtant pas tous excellents.

Un beau jour, enfin, la roue tourne : le 3 septembre 1961, Pialat obtient un prix au festival de Venise pour *L'amour existe*, un documentaire qui est plus qu'un documentaire sur la banlieue, la misère des banlieues, c'est un film, un vrai. Un film presque communiste s'il n'était pas aussi sombre. Lucide, disent les uns. Sordide, disent les autres.

— Maurice ! Les mecs des *Cahiers* ont adoré !

Claude brandit l'article qui vaut mieux qu'un Lion d'or. Les Langmann fêtent le triomphe de Pialat en famille, la petite Arlette embrasse son héros, son deuxième grand frère, son deuxième père, celui qui la fait réviser ses cours de maths et réciter ses poèmes, elle l'embrasse encore et encore, personne n'y voit le mal, surtout pas le vieux Hirsch, fier comme un général au retour de son lieutenant vainqueur.

Voilà Maurice consacré cinéaste : « Pialat existe ».

Le succès tarde un peu à venir du côté de Claude. Certes, il a maintenant son nom au générique ; après une dernière silhouette dans *J'irai cracher sur vos tombes*, adaptation calamiteuse qui causera la crise cardiaque fatale à Boris Vian, Berri a décroché un vrai rôle dans le Chabrol, *Les Bonnes Femmes*, où il est le fiancé de Bernadette Lafont, et surtout, peu de temps après, un rôle dans *La Vérité*, de Clouzot, au côté de Bardot. Depuis, plus personne ne l'appelle. On n'ose pas lui proposer des rôles plus modestes, et pas question de lui confier un premier rôle, même dans un petit film. Il n'a plus vingt ans, il s'agirait que sa carrière démarre. Pourquoi ça ne démarre pas ? Il voit tous ses copains triompher les uns après les autres, Trintignant, Perrin, Sami Frey, sans parler de Belmondo. Ils descendent tous à Cannes, et lui, pendant ce temps-là, il fait de la télé, *Les Cinq Dernières Minutes*, des conneries comme ça, la honte. Est-ce qu'il y a un problème avec sa cicatrice ? Avec son double menton précoce ? Est-ce que c'est physique, moral, est-ce que c'est son nom qui ne va pas ?

C'était bien la peine de faire ces frais. Ou alors il joue mal. Si mal que ça ?

Son père le rassure :

— Tu es un excellent acteur, Claude, mais un bon rôle, c'est comme un beau costume, il te faut du sur mesure, un rôle taillé pour toi. Là, ils verront ce que tu vaux.

— Merci, papa. Tu mérites d'avoir un fils célèbre. Rien que pour te faire plaisir je vais y arriver.

Hirsch tombe malade et meurt un mois plus tard.

Berri et Pialat décident de le faire, ce film sur leur amitié. Ce sera le premier « vrai film » de Pialat. Berri reprend le scénario délaissé : *Janine*. L'idée n'a cessé de trotter dans la tête de Berri, chassant les milliers d'autres idées toujours plus ou moins inspirées de la vie amoureuse de Maurice et de son amitié avec Claude. Il a fallu se lancer. Finir de l'écrire. C'est fait. *Janine* est l'histoire d'un jeune type qui couche avec une prostituée. Il explique à son copain, de dix ans plus âgé, qu'il est tombé amoureux de cette fille.

— Méfie-toi, lui dit le copain plus âgé, toutes les putes sont des femmes.

A la fin du film, presque entièrement tourné de nuit, on se rend compte que la prostituée dont le jeune est amoureux n'est autre que la femme de son copain plus âgé.

Bien sûr, Berri interprétera le jeune type amoureux : enfin un rôle sur mesure, on ne peut plus sur mesure puisque c'est lui qui l'a écrit.

Dans le rôle du copain plus âgé, Pialat voudrait un acteur connu. Mais pas trop cher. Berri arrive à convaincre Hubert Deschamps, qui a le même âge que Pialat, en beaucoup plus ravagé, moche et vulgaire, et très alcoolique. Pialat le trouve parfait, répugnant à souhait, car c'est comme ça qu'il se voit, ou qu'il prétend se sentir, bien qu'il soit physiquement beau, fort et en pleine santé.

Le rôle-titre de Janine sera tenu par Evelyne Ker.

Au départ, l'idée de Pialat c'était de réaliser le film avec Claude. Cette histoire de rivalité amoureuse qui n'est révélée aux deux rivaux qu'à la fin sera un hommage au père Langmann qui vient de mourir.

Dès le premier jour de tournage, les propositions de mise en scène de Berri paraissent désastreuses à Pialat qui ne se gêne pas pour le dire. Le soir même, il a tranché : il réalisera le film seul. Et dès le lendemain, il commence à changer le texte.

Le plus difficile, c'est d'infléchir le jeu de Berri. Car si Hubert Deschamps est formidable, Evelyne Ker sensationnelle, avec Claude, ça ne va pas du tout. Pialat ne sait pas comment le rendre moins mauvais.

— Sois plus naturel, conseille-t-il.

— Comment ça, naturel ?

— Je ne sais pas. C'est bizarre. On dirait que tu regardes la caméra.

— Mais je ne la regarde pas !

— C'est ce que je te dis : on dirait que tu la regardes. Ou pire : on dirait que tu vas la regarder, que tu as envie de la regarder. Du coup, tu nous fais sentir la présence de cette caméra encore plus que si tu la regardais. Tu dois nous faire oublier la caméra.

— Je sais bien !

— Alors fais-le !

Ils reprennent. Ça ne marche pas mieux. Il le filme de dos, mais c'est le corps qui ne va pas.

— Je suis désolé.

— Arrête d'être désolé, Claude ! Libère-toi !

— Me libérer ? Mais je suis libre…

— Non ! Tu n'es pas libre. Tu es bourré de tics !

— Quels tics ?

— Tu es un sac de tics ambulant. Ton humilité, c'est un tic. Ta gentillesse, c'est un tic. Et cet air de petit garçon, c'est un tic, un tic insupportable ! Change ! Grandis !

— Je ne comprends pas.

— Fous le camp, tu m'exaspères. Attends ! Reste là. Faut finir cette scène.

Alors ils recommencent, encore et encore, rien à faire, ce n'est pas bon, l'humiliation tourne au dépit, à la colère, Pialat gueule, martyrise, Berri pleurniche ; entre les deux amis, les pots se cassent, le cinéma était leur passion commune, leur moyen de conquérir le monde, ensemble, mais faire un film ça n'a rien à voir avec « la passion du cinéma », c'est un métier qui ne pardonne pas.

Pialat sauvera plus ou moins le film au montage. Il essaie d'arranger les choses aussi avec Claude qui lui en sait gré, qui espère que l'essentiel, l'amitié, est préservé, il ne s'imagine pas que c'est pour Arlette, et uniquement pour elle que Maurice continue de venir rue du Faubourg-Poissonnière. Comment l'imaginer ? Arlette vient de se marier, elle a enfin trouvé un garçon raisonnable, de trois ans plus âgé qu'elle, un dessinateur industriel : « Moi, j'étais content, écrit Berri dans son *Autoportrait*, ma sœur en avait fini avec ses frasques, elle était casée. »

La vérité, c'est que Maurice et Arlette ont une liaison. Elle est amoureuse de lui, il est amoureux d'elle. C'est inconcevable parce qu'il y a vingt ans d'écart entre elle et lui et qu'il l'a connue gosse ; ça n'en est pas moins de l'amour et d'autant plus fort.

Il vaudrait mieux que ça reste secret, a décidé Pialat.

Elle est d'accord, c'est encore mieux comme ça, plus romantique, avoir un amant de vingt ans de plus qu'elle, c'est beau comme le Racine qu'il lui faisait réciter jadis : elle a un destin, tragique, pourquoi pas écrire, puisqu'il lui répète qu'elle a du talent, pourquoi pas devenir écrivain, Françoise Sagan ou rien.

Si Pialat tient tant à ce que ça reste secret, c'est parce que de son côté, avec sa femme, même si c'est fini, ça recommence, et puis il y a toujours Colette, sans parler des putes dont il ne peut pas vraiment se passer.

Il pense aussi à la réaction de Claude, il la redoute. Et comme tout ce qui lui fait peur l'attire, il n'y résiste pas :

— Je couche avec ta sœur, Claude.

— Pourquoi tu dis ça ?

— Parce que c'est vrai. Je baise ta petite sœur !

Le monde merveilleux de Claude s'effondre. Comment c'est possible ? Maurice a quarante ans, Arlette en a vingt de moins ! C'est barbare, c'est ignoble, c'est dégueulasse, il ne sait plus où donner de l'indignation, les souvenirs prennent un goût de pourri, tout s'éclaire hideusement, il voit le vice, le mensonge, il se voit trahi par sa sœur qu'il croyait casée, et par celui qu'il considérait comme son frère, il crache, il cogne, c'est la grande scène, gifles, hurlements et pleurs.

— Ça va, arrête ton char ! Tu voulais faire des films autobiographiques ? Eh bien vas-y, tu as ton sujet. Moteur !

Cette histoire-là, ce n'est pas Berri qui la racontera dans ses films, c'est Pialat, et le plus souvent avec la complicité d'Arlette qui écrira avec lui les scénarios et montera les films. Des films célèbres comme *Nous ne vieillirons pas ensemble* ou *A nos amours*, des films autobiographiques, aussi proches qu'il est possible du réel. Si on admet que le cinéma a quelque chose à voir avec le réel…

Après la grande scène, les promesses, les négociations, en dépit de toutes les bonnes résolutions, Arlette ne va pas cesser de voir Maurice, de coucher avec, de pleurer quand il la trompe. Et quand elle croit aimer de nouveau ce mari qu'elle a quitté, quand elle retourne avec lui, c'est alors qu'elle a l'impression de tromper Maurice, qu'elle aime par-dessus tout.

Elle est jeune, elle aime le sexe, elle a une idée de l'amour qui lui fait tourner la tête à chaque fois qu'un bel homme la regarde. Et en même temps elle est jalouse des femmes de Maurice.

— Moi aussi, je suis jaloux, mais moi c'est beaucoup plus fort à cause de mon âge. Toi, t'es qu'une gosse, tu ne peux pas comprendre. Moi, ça me rend malade quand tu vas avec ces connards.

— Je ne te dirai plus rien.

— C'est pire quand tu ne me dis rien, parce que je l'imagine.

— Tu vois !

— Je vois quoi ?

— Que tu es fou.

— Ta gueule ! C'est toi qui me rends dingue. Regarde : j'ai envie de te frapper.

— J'ai l'habitude.

— Dis pas ça, je serais capable de tuer !

Pialat ne s'en sort pas, entre Micheline qu'il continue de voir, Arlette qui le harcèle, Colette qu'il désire encore et qui refuse de le revoir après ce qu'il lui a fait subir, il finit par ne plus rien comprendre. Si seulement il arrivait à faire des films, il voit les autres qui tournent comme des manèges de chevaux de bois, même Claude va réussir à faire son court-métrage.

A la veille du tournage, Berri avait tellement peur de ne pas y arriver, il se sentait tellement perdu sans Maurice, qu'il a tenté une réconciliation. Il a chargé Arlette de lui transmettre cette offre : une place de régisseur sur le film. Régisseur, dans certaines langues, c'est l'autre nom du metteur en scène ; en français, c'est celui qui organise les transports, les repas, l'intendance.

— Pourquoi pas balayeur ?

— Ça te remettrait dans le bain.

— Pas question que mon nom soit inscrit au générique d'un film aussi débile. Tu as lu ce scénario ? Ton frère a perdu la tête pour inventer une connerie pareille ?

— C'est une comédie.

— Après avoir écrit *Janine*, il écrit ça, *Le Poulet*. Tu comprends quelque chose ?

– 3 –

Rassam n'aime pas ce qui se passe depuis tout à l'heure autour de cette table de poker, la sortie théâtrale de Lebovici, le regard échangé entre sa sœur et Berri qui sort son gros trophée.

— Explique-moi, Benjamin, c'est quoi ce film ? Tu l'as vu ?

— Deux fois.

— Et alors ?

— Ben, c'est un film qui se passe à la campagne. Claude a très bien résumé l'histoire.

— Je m'en fous de ça, il est bon, il est mauvais ?

— Il est…

Benjamin prend sa respiration et lâche d'une seule traite :

— C'est un film où tout le monde joue faux, surtout l'enfant. La mise en scène est bancale et l'histoire est niaise… le tout est à la limite du supportable.

Berri est KO, la tête qu'il fait amuse tout le monde.

— « Les critiques, récite Rassam, les gentilles comme les méchantes, les justes comme les injustes, percent le cœur des artistes avec une égale cruauté ; en s'enfonçant dans l'œuvre, elles trouvent toujours le point de vérité qui blesse ou caresse, car elles rencontrent ce que l'artiste sait de lui-même et que l'œuvre n'a donc pas réussi à dissimuler. » Bernanos. Si ce film a eu un Oscar, ça ne doit pas être pour rien.

— Godard, rappelle Benjamin, dit que les Américains ont toujours aimé ce qu'il y avait de plus con chez les Français : la tour Eiffel et Maurice Chevalier. Ce que les Américains ont aimé dans ce film, c'est le personnage du père, le râleur à moustaches qui conduit sa 2CV pourrie à travers les routes défoncées de la campagne française. C'est exactement l'image que les Ricains se font des Français : le béret, la baguette, les moustaches, cons à bouffer du foin, sales, et inaptes au cinéma. Sur ce dernier point ils n'ont pas tort. Tu leur as donné ça.

— T'en fais pas, rassure Rassam, Benjamin ne connaît rien au cinéma. Et puis on va pas y passer la nuit. L'important, c'est ça : tu as eu un Oscar. Il est à toi. Je te l'achète.

— Ça n'est pas à vendre. Cette statuette représente trop de choses pour moi.

— J'ai bien compris, c'est pour ça qu'elle m'intéresse. Ce qu'on achète dans la vie, c'est toujours le désir de l'autre, c'est la seule chose qui ait un prix. Marx a oublié ça : la valeur ajoutée aux dix grammes d'or qu'il y a sur cet Oscar, ce n'est pas le travail, c'est le désir ! Alors… quel est le prix de mon désir à la foire de ta vanité ? C'est ça qu'on va savoir. Tu en veux combien ?

— Mais non, c'est impossible.

— Ne perdons pas trop de temps. Dis ton prix, après on discute.

— Je ne la vends pas, c'est ce que j'ai de plus précieux au monde.

— Eh bien voilà ! C'est un prix, ça : « ce que j'ai de plus précieux au monde ». Parfait. Moi aussi, je vais mettre « ce que j'ai de plus précieux au monde ». Tu vois les deux filles, là-bas ?

Les deux filles, c'est Annie et Anne-Marie, collées l'une à l'autre, et conjointement penchées sur la table basse en verre, aspirant par le nez leur énième ligne de coke. Rassam leur fait signe de venir. Elles commencent par refuser mais il leur adresse le sourire désarmant du gosse qui vient de trouver une nouvelle connerie à faire, et elles n'y résistent pas.

Elles arrivent à la table de poker, Rassam les présente à Berri :

— Voilà ce que j'ai de plus précieux au monde, s'amuse-t-il en commençant à distribuer les cartes. On va jouer ça aux cartes. Un seul tour.

— Non.

— Mais si. Allez, coupe.

Annie Chardon vit avec Rassam depuis cinq ans, sans plus comprendre ce que l'expression « vivre avec » signifie pour eux.

Ils se sont rencontrés à la fin d'un concert rock, au Palais des Sports. Elle avait dix-huit ans et lui dix-neuf. Il passait d'une fille à l'autre tous les trois jours, tous les deux jours, tous les jours. Elle en avait un peu marre de rester vierge, et au niveau des études ça n'était guère plus brillant, elle n'arrivait pas à se concentrer, à s'intéresser, surtout en maths. Elle venait de redoubler sa seconde.

Après une rapide évaluation de ses capacités à saisir la complexité des événements en Algérie, Jean-Pierre lui a expliqué qu'il y a des cas où il ne sert à rien d'insister :

— Ça peut même être néfaste, certaines personnes sont faites pour les études, d'autres non, l'important c'est de ne pas laisser passer sa chance, ne pas se tromper de destin.

Le destin d'Annie, d'après Jean-Pierre, c'était sa beauté :

— Tu es la plus belle fille du monde, mais à quoi ça sert si le monde entier l'ignore ?

Il l'a d'abord présentée à ses potes, auprès desquels il a obtenu la confirmation de son charme universel, il l'a donc envoyée dans une agence de mannequins ; il voulait que tout le monde la voie, l'admire, lui dise qu'elle était top, il la voulait en grand dans les couloirs du métro, sur les Champs-Elysées.

Elle lui a posé la question presque tout de suite :

— Il est riche comment, ton père ?

— Ça dépend des jours, ça dépend des guerres, des coups d'Etat. T'inquiète pas pour ça, bébé. Le fric n'est pas un problème.

Chaque fois qu'il lâche cette phrase, c'est comme un hameçon, Rassam guette l'étincelle d'argent dans le regard de ceux qui n'en ont pas. Il la trouve en jouant au poker, au fond des yeux avides de ceux qui attendent le miracle.

Dans la bande à Rassam, ceux qui savent que l'argent vient du père ignorent d'où vient l'argent du père. Ils ont entendu parler de Gulbenkian, d'Onassis, de Ibn Saoud. Tout ça tourne autour des puits de pétrole, d'accord, mais de quelle manière ? Benjamin et Paul-Antoine se taisent quand on leur pose la question, leur privilège étant de faire croire qu'ils connaissent le secret.

Rassam offre de ses origines levantines une version différente à chaque fois. A chaque femme.

— Je suis né à Beyrouth, mais on s'en fout du lieu. Ce sont les origines qui comptent. Mes parents, c'est le Tigre et l'Euphrate. Je suis mésopotamien. Beyrouth, c'est un détail, mes parents se sont retrouvés là parce que tout le Levant se couche derrière la colline d'Achrafieh. Ma mère est née dans un palais donnant sur le Bosphore. Mon père est de Mossoul.

— Je suis pas très bonne en géo.

— Mossoul ! Ninive, la ville de Jonas, celui de la baleine…

— Je ne vois pas.

— Et la Bible, ça te dit quelque chose ?

— J'ai vu le film.

— OK. Y a du travail. Mossoul, c'est le carrefour de toutes les routes qui mènent à la Turquie, à la Syrie, à l'Iran, et à l'Irak. On ira, un jour, tu verras : c'est Lutèce, c'est Rome, c'est un millefeuille qui n'appartient à personne, beaucoup plus qu'une ville, c'est l'objet de toutes les guerres, toutes les puissances l'ont prise, perdue, reprise, les Perses, les Grecs, les Arabes, ils l'ont pillée, brûlée, reconstruite, et puis les Anglais et les Français sont arrivés, avec eux le massacre est définitif. Tu me suis ?

— Je ne sais pas.

— Le pétrole était à l'air libre, à l'état de bitume, un peu partout, on le repérait à la couleur jaune que prenaient les cours d'eau, ou à la présence de mousse à la surface des mares, ou encore aux traces de feu sur les rochers : une petite fumée bleue, une odeur de soufre, il suffisait alors d'enlever la croûte en surface et le liquide apparaissait, huileux, sombre, lourd, depuis la nuit des temps on plongeait là-dedans pour soigner les maladies de peau, le diabète, la cataracte.

— Dans du pétrole ?

— On faisait tout, avec le pétrole ; l'huile des lampes à huile, c'était pas de l'huile d'olive, c'était du pétrole, ben oui, on le ramassait avec des pelles, des seaux, ils remplissaient des bidons de brut qu'ils transportaient à dos d'âne jusqu'à la raffinerie la plus proche. Il a fait ça, mon père. Pas de pipe-line, même pas de pompe à bras. Et pas besoin de forage. L'or noir coulait de source. Voilà d'où vient l'argent. Et voilà pourquoi, quand je sors mes liasses, tu as l'impression que je les puise d'une source sans fond.

Quinze jours après leur rencontre, il a eu droit au premier baiser, et trois semaines plus tard, en sortant des *Misfits*, elle a dit d'accord, on va où ?

Ça s'est fait ici, rue Saint-Guillaume, où il venait d'emménager avec Anne-Marie. Trois semaines plus tard, Annie était engagée pour la collection d'hiver de Courrèges.

Ça l'a excité de la voir passer entre les mains des petites mains de la maison de couture, sous le pinceau des maquilleurs, le flash des photographes, elle devenait une créature nouvelle, et tandis qu'il se tenait un peu planqué, à l'écart de l'agitation des coulisses, il s'est dit en la regardant Voilà ce qu'elle désire, et moi aussi. Il n'avait jamais ressenti ça en tombant amoureux d'une fille, encore moins en couchant avec. Quand il a vu Annie s'avancer sur la passerelle, il a compris pourquoi elle raffolait des bijoux qu'il lui avait offerts, pas seulement parce que c'était cher et que ça brillait, pas seulement parce qu'elle avait le Tout-Paris à ses pieds, mais parce qu'elle le lui devait, lui en était reconnaissante, et qu'elle en réclamerait encore, toujours plus.

Jusque-là, Anne-Marie avait soit giflé soit négligé les fiancées de son grand frère sans distinction, les merveilleuses comme les boudins. Avec Annie, sans se poser de question et immédiatement, elle a tout partagé, les fringues, les souvenirs, les bitures et l'ennui. Comme les voyages forment la jeunesse, ils sont allés tous les trois à Deauville, en side-car, à Monaco, en train de nuit, et à Beyrouth, en Caravelle, retour vers les racines émouvantes, en première classe. Libérées des tabous de la libération de la femme, les deux inséparables copines n'ont eu de cesse de rendre la vie de Jean-Pierre insouciante et délicieuse, fomentant une sorte de complot de belles-sœurs, amoureuses de leur bien commun.

Lui, tellement rapide et malin qu'il aurait pu braquer une banque si elles le lui avaient demandé, si l'argent avait été un problème, ça n'était pas le cas, Annie gagnait pas mal de fric, et pour ne plus lui reprocher ses parties de poker jusqu'à cinq heures du matin, elle a loué un studio dans le seizième, pas loin de chez ses parents. Comme ça, plus de disputes. Il était d'accord à cent pour cent, il la trouvait encore plus belle en fille indépendante. Entre deux shootings, pour se désennuyer, elle a suivi des cours du soir, au Louvre. En sortant, ils se retrouvaient au cinéma Le Styx pour une nuit spéciale épouvante, et les saisons ont commencé à passer, la collection de printemps, Berlin, Zurich, Londres, le défilé Saint Laurent, Paco Rabanne, la routine s'est s'installée, l'enchaînement des fatigues, l'accumulation des doutes.

Un dimanche après-midi, en sortant de *Pierrot le fou*, Annie se décide, elle arrête la mode, elle veut devenir actrice, une vocation qu'elle avait en elle depuis toujours, le cinéma, sans le savoir. Maintenant c'est sûr, elle a un objectif, tourner avec Godard. Elle sera Anna Karina ou rien.

Alors il faut être sérieuse, prendre des cours de chant, de danse, de comédie chez cette prof stanislavkienne, derrière la butte Montmartre, dont on dit qu'il faut passer par là. C'est Jean-Pierre qui paie, il assiste aux cours comme il assistait aux habillages dans les coulisses des défilés. La différence, c'est que certaines filles sont meilleures actrices qu'Annie, et pour tout dire, presque toutes.

Elle prend un agent, qui lui fait passer des castings. Dix, vingt, trente, pas un seul qui marche.

— Faut pas que tu te décourages, bébé. Tu as le temps. Tu commences. Le fric n'est pas un problème, il le répète souvent. Pas un problème.

Lui aussi il se demande pourquoi ça ne marche pas, les castings. On lui dit qu'elle est trop belle pour les petits rôles, pas assez connue pour les grands, alors quoi, qu'est-ce qu'elle doit faire ? Comment la faire connaître ? Pourquoi Catherine Deneuve et pas Annie Chardon ?

Elle en vient à détester tous ces personnages de filles idiotes qu'on voit dans les films, tous les films. Merde, dit-elle en sortant des *Bonnes Femmes*, si c'est ça être actrice, jouer à la conne, elle préfère continuer à ne rien faire. D'ailleurs, elle ne fait pas rien : elle pense à des répliques qu'elle pourrait dire dans un film de Godard, elle va les écrire, d'ailleurs. Qu'est-ce qu'elle peut rêver de mieux que de tourner un jour avec Godard ? Ou coucher avec lui. Est-ce que c'est pareil, obligé, est-ce que le cinéma est un bordel ? Elle veut bien essayer, après tout. Il paraît que toutes celles qui font la couverture des magazines ont couché avec le patron du magazine. Est-ce qu'elle a envie de coucher avec le patron de ce magazine ? Pourquoi pas ?

Le problème, c'est que son agent ne lui présente personne.

Annie vient d'une famille où on dit respecter l'argent, pour ne pas dire qu'on en a peur, peur d'en manquer, surtout son père, radin comme le coude ; au début, la manière dont Rassam claquait son fric, ça l'excitait, elle vivait dans un conte oriental, aujourd'hui ça lui file la nausée parce qu'elle voudrait s'en sortir par elle-même. Rassam lui a fait quitter le lycée, il lui a fait quitter l'agence, il veut lui faire quitter son cours de théâtre, et après, quand elle s'imagine en train de le quitter lui, elle panique. Ça lui fait du bien d'aller au bout de la scène : elle réalise que c'est impossible. Je resterai toujours avec lui, j'en ai tellement besoin, se reproche-t-elle, et c'est beau en même temps, c'est un peu ça l'amour, non ?

La semaine dernière, elle a rencontré un type qui fait un film d'auteur, il l'a remarquée au cours, c'est ce qu'il lui a dit : « Je t'ai remarquée, t'es vachement bien, tu sais. » Il lui a fait lire son scénario, trois pages, elle n'a pas trouvé ça génial, c'est l'histoire d'une fille qui veut devenir vedette, le type prétend l'avoir écrit pour elle, ce n'est pas payé parce que c'est un court-métrage, il faut en faire au début, ils ont tous commencé par des courts-métrages. Quelque chose lui dit que ça va marcher, elle en a trop envie pour que ça foire. Premier jour de tournage demain matin, aux aurores, sur le Pont-Neuf. Elle a le trac, les trois lignes de coke qu'elle s'est enfilées ne l'aident pas tant que ça. Anne-Marie ne la rassure guère en lui répétant qu'ça va être super :

— Il faut juste que tu y croies, elle lui dit.

— J'y crois, j'y crois à mort.

En arrivant à la table de poker, Annie et Anne-Marie ont tout de suite compris de quoi il s'agissait. Ce n'est pas la première fois que Rassam leur fait le coup. Il a vu ça dans un film. Ça le travaille.

— Je vais pas baiser avec ce mec, annonce Annie. Pas question !

— Qui a parlé de ça, bébé ? On joue aux cartes.

— Bien sûr. Fais le malin avec tes potes. Moi, j'en ai marre de tes saloperies, Rassam !

— « Mes saloperies », mais qu'est-ce que tu fais là, poupée ? Va passer le réveillon avec tes vieux qui ne font pas de saloperies.

— Pauvre con !

Elle s'en va, se ravise, revient à la table et attrape Jean-Pierre par le col, le secoue, lui répète qu'elle en a marre, vraiment marre. Et comme il rigole, elle le gifle de toutes ses forces avant de se barrer. Arrivée au milieu de la pièce, et tandis que Jean-Pierre essuie la larme de douleur qui coule sur sa joue, elle se retourne vers la table de poker :

— Viens, Anne-Marie ! Tu peux pas rester avec ces connards !

Anne-Marie hésite peut-être, même pas sûr, et de toute façon, Jean-Pierre l'a attrapée par le bras, l'asseyant sur ses genoux. Anne-Marie ne résiste jamais à son frère :

— Ma chérie, je te présente M. Berri, il est metteur en scène de cinéma et il vient de remporter un Oscar à Hollywood. C'est pas une blague. Demande à Benjamin qui a vu son film. *Le Poulet.* Claude, je te présente ma sœur, Anne-Marie Rassam : ce que j'ai de plus précieux au monde. Tu veux combien de cartes ?

Assise sur les genoux de son frangin, Anne-Marie toise le Winner of the Academy Award du court-métrage, il n'avait pas l'air aussi pitoyable tout à l'heure. C'est peut-être la présence de la statuette hitlérienne. Elle a pouffé de rire en entendant son frère prononcer « Le Poulet ». Et là, elle se retient encore en regardant le pauvre poulet se faire plumer, et qui transpire.

Les cartes sont devant lui, il y en a cinq, il hésite, c'est très pénible comme situation. En fait, en le regardant plus attentivement, Anne-Marie se rend compte qu'il est paralysé par l'émotion. Elle s'impatiente :

— Vous ne regardez pas vos cartes ?

Comme s'il attendait cet encouragement, Berri ramasse ses cartes poisseuses : une paire de rois. Il ne s'est jamais senti aussi seul. Il était moins perdu le jour de son incorporation au 401e régiment d'artillerie antiaérienne. Là, au milieu de ces diplômés gavés d'amphétamines, ces fils de ceci cela au futur assuré, il a peur. Il n'a jamais joué une fille au poker et encore moins gagné une fille au poker. Il ne sait pas non plus ce qu'on gagne dans ces cas-là : un baiser, une paire de gifles, le mariage ? Il a vu le même film que Rassam, *Guys and Dolls*, dans lequel c'est Brando qui emporte le morceau : Jean Simmons.

Rassam annonce « servi », sans regarder son jeu, certain de s'attirer ainsi les faveurs du destin.

Berri pourrait faire la même chose, sauf que la place du bluffeur est prise, alors il demande trois cartes, dont Rassam lui fait l'aumône.

Berri invoque les cieux en silence, sans y croire.

Lentement, il retourne ses cartes qui, comme il s'y attendait, ne font rien ; trois cartes mortes qui achèvent son supplice et qu'il jette sur la table avec sa paire de rois.

On se bouscule autour des joueurs, on se hisse pour apercevoir les cartes que Jean-Pierre s'apprête à découvrir, avec le geste arrogant du veinard.

Deux huit, et deux dix. Sans surprise, Rassam l'emporte avec deux petites paires. C'est terminé pour Berri qui pousse un soupir, presque de soulagement.

Cri de victoire d'Anne-Marie qui réalise que son frère a gagné. Elle s'empare de la statuette et pose le métal glacé du trophée sur sa joue brûlante. Elle regarde Berri, c'est ce regard-là qu'il évoquera dans son livre : « Elle me fixe de ses grands yeux. »

– 4 –

Rassam a sa table au Singe. Abonné au Cristal Roederer, il claque des doigts et la première bouteille arrive. Suivent deux bavettes de trois cent cinquante grammes chacune, recouvertes d'échalotes, accompagnées d'une montagne de frites acrobatique, trois fois recuites et super salées.

Dehors, sous les pavillons Baltard, le rush a commencé en vue des dernières ripailles de la saison, qui sont aussi les premières de l'année.

Nous sommes le 1er janvier 1967, il est trois heures du matin.

— Souviens-toi de cette barbaque, Claude, parce que tout ça va disparaître. Regarde-les : ils savent qu'ils sont morts et ils continuent, anachroniques et sursitaires. Les Halles agonisent, et on dirait que ça leur plaît. Dans deux ans, trois ans, adieu les bas-fonds, adieu les coupe-gorge, adieu la rue Saint-Denis ! T'as pas meilleur casting, à cette heure : maraîchers, mandataires, bouchers à blouses sanglantes, poissonnières en bottes, routiers grincheux, fleuristes camés, je les connais tous par leur petit nom, mes potes, les seigneurs de la grande bouffetance parisienne, c'est l'heure des aloyaux, du graillon d'ail, ils arrivent pour leur sandwich rillettes, une demi-baguette et un triple ballon de rouge, double café, calva et re-calva, et au comptoir, en six minutes, temps de cuisson d'une omelette au lard de huit œufs, une pipe dans l'escalier de la cave, taillée par la vieille serveuse toujours avide de pourboires, avant d'aller couler un bronze au-dessus des chiottes à la turque, en lisant un morceau de *France-Soir* accroché au clou, à droite dans la cour, la clé à remettre au patron, Gaston, qui l'accroche, la décroche cent fois par jour, comptable, tenancier de cette usine à merde, c'est son commerce. A midi les petits vieux sortent de leur gourbi pour venir ramasser les poireaux invendus et les têtes de poulets pour se faire un bouillon, toute cette misère qu'on ne devrait plus voir et qui va nous manquer, tu parles d'un patrimoine ! Dégueulasserie folklorique ! Quel est le plus gros scandale : la misère ou sa disparition ? Les Français râlent, ils connaissent leur sort et n'y croient pas, ne s'y préparent pas, à quoi bon ? La fin du monde, ils l'espèrent, l'arrivée des Chinois, ouf, plus rien... tu m'écoutes, mec ?

— Oui oui.

— Qu'est-ce que je disais ?

— Les Chinois...

— Le truc qui pue vraiment, c'est Doisneau, Cartier-Bresson, la prétention de ces mecs ! C'est le studio Harcourt du populo. Alors maintenant, tu as tous les clodos et les putes à la queue leu leu pour entrer dans leurs cartes postales. C'est à vomir ! Je veux de la couleur ! T'aimes pas la couleur ?

Il montre partout les couleurs, il faut dire que le patron n'a pas pris le réveillon à la légère, les serpentins dégoulinent des lustres, emmêlés aux guirlandes de Noël et autour des boules de cuivre des banquettes en skaï, jusqu'au carrelage du sol en mosaïque brisée jaune et vert, où les confettis et la sciure font pâte avec les giclées de homard, le jus gras des chapons, la gelée des foies gras, l'eau des huîtres, la quenelle de brochet truffée balancée discrètement au chien de la maison par un client, mais le chien ne mange pas de poisson.

— De la couleur, partout de la couleur, gesticule Rassam.

C'est l'effet Cristal, Berri n'a jamais vu un clown pareil, sinon son père, dans un autre genre : ses yeux de fakir ne sont pas seulement faits pour hypnotiser, avec son intelligence de voyou, sa vitesse de courtier, il cherche, creuse et puise, à ce degré-là de précision c'est de l'escrime, on dirait presque qu'il est beau tellement il se marre. Pendant deux heures, trois bouteilles, Rassam va percer les baudruches, dégommer les mythes auxquels Berri voulait croire, amour, politique, c'est Maurice en vainqueur, en friqué, Claude pense sans cesse à Maurice dont il voudrait chasser le souvenir inévitable, il compare, et l'heureuse différence, c'est l'énergie de Rassam, et le je-m'en-foutisme. Et puis le rapport d'âge est inversé, Rassam est un gosse, il lui pose des questions, il s'émerveille, il s'intéresse à moi, se dit Berri, et même quand il se fout de sa gueule il n'est pas sadique, pas désespérant comme pouvait l'être Maurice.

— Il se passe aussi à la campagne, ton prochain film ?

— Oui. Et en noir et blanc. Comme l'autre.

— Merde. Ça raconte quoi ? En deux mots. Tu veux un café ?

— Non, ça va. En deux mots : c'est pendant la guerre, un enfant juif caché chez un couple de vieux.

— Et alors ?

— Le vieux n'aime pas les Juifs et il ne sait pas que l'enfant est juif.

— Où est-ce que tu as trouvé cette histoire ?

— C'est la mienne. Au départ, c'était un film mélancolique. Je voulais ça. Mais j'ai compris qu'il fallait que ça soit plus léger, et avec Michel Simon, c'est devenu comique.

Berri avait d'abord pensé à Louis de Funès qui a trouvé le scénario trop triste. Michel Serrault pareil. Et Peter Ustinov n'était pas d'accord. C'est en désespoir de cause que Berri et ses producteurs se sont rabattus sur un Michel Simon aux dernières extrémités, bien obligé d'accepter ce rôle de vieil antisémite qui ne l'enthousiasmait pas plus que ça.

Ils ont eu aussi des problèmes avec les assurances qui ne voulaient pas prendre de risques parce que Michel Simon avait fait des grandes déclarations : « Je suis proche de la mort ! Il me faut une dernière nuit d'amour et je disparais. Accordez-moi au moins ça ! »

Avec quelques certificats de complaisance, les choses se sont arrangées, mais quelques jours avant le tournage, Michel Simon est allé trouver Claude Berri pour lui demander de changer le titre du film : « Faut pas l'appeler *Le Vieil Homme*, qu'est-ce que vont dire mes copines ? »

— Sur le tournage, il exigeait une pute par jour, et différente. Incapable de voir passer une fille sans lui foutre la main au cul. Génial et tout ce qu'on veut, mais pénible à vivre. Il renvoyait les plats, les filles, et les dialogues. On a eu des discussions épiques.

Berri n'est pas doué pour raconter les histoires, mais comme elles sont vraies il réussit à intéresser Rassam, et vers six heures du matin, alors qu'il a atteint un état d'éthylisme et d'épuisement proche de la syncope, Rassam lui pose enfin la question qu'il attendait depuis le début :

— Combien ça coûte un film comme ça ?

— Un million. Cent briques.

— Quelle misère ! Il faut que tu arrêtes avec ça, mec. Tu dois faire de grands films, à dix, vingt millions ! En cinémascope ! C'est fini, le noir et blanc à trois francs cinquante ! Finie la Nouvelle Vague avec caméra à l'épaule, on en a plein le cul de ça. Il faut voir grand. Pro. A l'américaine. C'est qui ton producteur ?

— André Hunebelle.

— Il a quel âge, Hunebelle ?

— Soixante-dix ans. Mais c'est un type très bien. Il a toujours cru au film.

— S'il y avait tellement cru, il l'aurait fait en couleurs. Son *Fantomas* de merde, pourquoi il ne l'a pas tourné en noir et blanc ?

— Je ne lui ai pas demandé.

— Tu imagines, ton film, là, avec Michel Simon, si tu l'avais tourné en couleurs ! Tu le vendais en Amérique.

— Possible.

— Certain ! Je te le dis. Tu dois penser à l'avenir, Claude ! Tu dois produire tes films. Truffaut produit ses films. Malle produit ses films. Hunebelle, il produit ses films. Alors pourquoi tu ne produis pas tes films ?

— J'aimerais bien.

— Il suffit de le décider. Tu vas commencer par prendre des profiteroles. Elles sont magnifiques, ici. Ça va te requinquer.

Rassam commande des profiteroles et une autre bouteille de Cristal, la troisième probablement. Il veut investir dans le cinéma. C'est décidé. Il imagine le truc : Berri lui expliquera un peu comment ça marche, la production, les distributeurs, toutes ces conneries, et lui, il s'occupera de trouver du fric.

— Il y en a, du fric. Il y en a partout ! Crois-moi.

— Mais où ?

— En face de toi. Il te faut combien pour monter ta maison de production ?

— Avec cent mille francs, on monte un film à un million. Grosso modo.

— Je déteste ce mot ! Ne le prononce plus jamais devant moi.

— Lequel ?

— Grosso modo. Moi, je te prête dix briques à 10 %. Sur deux ans.

— 5 %, sur trois ans.

— 8 % sur deux ans, avec le numéro de téléphone de ma sœur.

— Vendu.

Ils se tapent dans la main. Ils vont faire de grandes choses ensemble :

— « Rassam & Berri », je trouve que ça sonne mieux que Rassam et Langmann. J'aime pas les rimes. Tu as bien fait de changer de nom. Pourquoi tu l'as fait, au fait ?

— Une connerie. J'ai cru que ça m'aiderait, comme acteur. Moralité, les Juifs se méfient de moi, et les goys me traitent de Juif honteux. Bien fait pour moi. Et toi, tu n'as jamais pensé à changer de nom ?

— Pourquoi ?

— Rassam... les noms arabes, ça n'aide pas non plus.

— Je n'ai pas besoin d'aide. Tu sais ce que ça veut dire, Rassam ? Dans la langue du Christ, c'est le dessinateur. Les Rassam dessinaient des icônes, des portraits de mariés, de disparus, et aussi des cartes. C'est très important, les cartes. Sans les cartes, pas de commerce. Sans les cartes, pas de guerres, et pas de paix non plus. « En fixant les frontières entre les tribus, les cartes ont circonscrit leur sauvagerie. » Voltaire. C'est un pays sans paysage, sans montagnes, ce sont des plis, des recoins, et tout est vert, une variété de verts, des verts méchants, aveuglants, le nom du fleuve dit tout : le Tigre. Du côté de ma mère, je descends des janissaires. Tu ne vois pas qui étaient les janissaires ?

Rassam raconte à Berri l'histoire des janissaires pour arriver à son grand-père arménien, descendant de ces esclaves chrétiens, devenu ministre des Finances d'Abdülmecit, dernier calife ottoman.

Berri a l'impression qu'un monde s'ouvre à lui, il se remet à croire en son destin. Il aime ce type. Il l'aime et ne sait pas comment se montrer intéressant, et devenir encore plus son ami. Il attaque par les sentiments.

— J'espère que ça va s'arranger avec la fille.

— Annie ? T'en fais pas pour elle.

— C'est ta petite amie ou ta fiancée ?

— C'est une emmerdeuse. Belle comme le feu. Tu l'as vue…

— Formidable !

— Une fille exceptionnelle. Par moments, je me demande si elle n'est pas aussi conne que les autres. Et coincée. Et pas plus actrice que toi et moi, c'est ça le plus grave, l'erreur de base. Qu'est-ce que t'en penses, toi, tu la prendrais dans un de tes films ?

— Elle donne bien les gifles.

— Tu dis ça pour me faire plaisir. Avoue, c'est pas Anna Karina. Par moments, je me dis, il me faudrait une femme comme tante Yvonne : là, je me marie tout de suite. Ou alors une femme d'affaires qui me piquerait mes délits d'initiés. J'aurais adoré Françoise Giroud, il y a trente ans, si elle avait su un peu mieux écrire.

— Pas facile de trouver une fille aussi belle.

— Tu as tout compris. Voilà le problème. Je dois m'y résoudre. Je ne la quitterai pas. La première année, on ne s'est engueulé qu'une fois. La deuxième année on s'engueulait tous les mois. Maintenant c'est toutes les semaines, les baises qui suivent sont tellement bonnes que je voudrais faire ça tous les jours. Et quand on se fout sur la gueule, c'est encore plus sensas.

Le patron du Singe arrive avec le dernier Dom Pérignon de sa cave. Rassam lui présente son nouvel associé :

— Claude Berri. Un Auvergnat, comme son nom l'indique. De Vichy. Il fait des films qui se passent à la campagne.

On débouche, on trinque, le patron s'éclipse, allant discrètement vider sa coupe dans l'évier. Rassam embrasse Berri sur les joues. En lui caressant la tête, glissant ses doigts entre ses cheveux fins, il sent la peau de ce crâne qui sera bientôt chauve :

— Tu as quel âge, Claude ?

— Trente-deux ans.

— Tu ne les fais pas.

— Oui, je sais.

— Tu devrais te laisser pousser la barbe.

— Pourquoi ?

— Pour te vieillir.

Rassam a vingt-cinq ans, il se rase tous les matins pour paraître plus jeune, c'est-à-dire pour que sa barbe n'accroche pas la lumière, que le regard des autres glisse sur son visage. Son agitation est en grande partie destinée à dissimuler sa disgrâce. La vitesse de sa logorrhée ne laissant plus le temps de se poser des questions sur son apparence physique.

L'idéal étant qu'on les suive, lui et ses gestes, lui et ses phrases, comme des feux follets.

Il va faire jour, ils sortent du Singe, la fureur des Halles s'est dissipée dans le froid, il fait très beau, avec des tas de neige sale qui résistent dans les coins d'ombre de l'église Saint-Eustache. Rassam et Berri remontent la rue Montorgueil, marchent du même pas jusqu'à l'angle d'Etienne-Marcel, où ils se séparent, Rassam file en direction de la place des Victoires vers son bordel préféré, tandis que Berri continue tout droit, rejoindre l'appartement familial.

– 5 –

Berri arrive chez lui, rue du Faubourg-Poissonnière. Quoique passablement ivre, il prend soin de ne pas faire de bruit en traversant l'appartement pour ne pas réveiller sa mère, endormie au salon en l'attendant.

Il atteint sa chambre, s'effondre sur son lit. Trop excité pour s'endormir, il fait ses comptes, reprend les épisodes de cette nuit mémorable. Il part dans des hallucinations merveilleuses. L'avenir est radieux. Il a rencontré une femme, il s'est fait un ami. On frappe à la porte, il n'arrive pas à répondre tant la tête lui tourne.

On frappe encore, et finalement la porte s'ouvre. C'est son père :

— Il est midi, mon garçon.

Hirsch entre avec un plateau fumant de café, et des croissants, qu'il pose sur la table de nuit de son fiston.

On dispose de plusieurs représentations différentes du père de Claude Berri : sous les traits de Charles Denner dans *Le Vieil Homme et l'enfant* et dans un autre film autobiographique de Claude Berri, beaucoup moins connu, *La Première Fois*. Plus tard, dans *Le Pistonné* et dans *Le Cinéma de papa*, il sera incarné par Yves Robert, physiquement moins ressemblant. Dans le film inachevé de Jean Herman, alias Vautrin, *Les Guerriers*, Hirsch Langmann apparaît en vrai et pour la seule fois au cinéma. Acteur débutant, il s'y livre à un cabotinage qui n'a rien à envier à ses incarnations posthumes.

Son fils n'avait eu aucun mal à le convaincre de tenir le rôle du vieux soldat dans le film de Vautrin. La difficulté était venue de Beila qui ne voulait pas d'un mari acteur, ni d'un fils acteur, les deux hommes lui jouant suffisamment la comédie comme ça à la maison. Mais son mari rêvait de gloire ; le petit fourreur avait déjà son public, rue du Faubourg-Poissonnière, il animait les apéros au café, et les soirées électorales, et les matches de foot, mais il avait toujours aspiré à un public plus large que celui des artisans et boutiquiers en voie d'extinction et de déportation. Dans ces conditions, Beila n'avait pu s'opposer à l'expérience. On voit donc Hirsch Langmann à la fin de ce film : il marche seul dans la campagne et s'allonge dans l'herbe, au côté de son fusil. « Je n'ai jamais été aussi heureux de ma vie, a-t-il écrit. Il a fallu attendre mon âge pour commencer à faire le clown. J'ai attendu toute ma vie pour faire ça. Claude croit en moi comme j'ai cru en lui. Ce que nous faisons ici, c'est un hors-d'œuvre avant notre film à nous. »

L'idée de Claude et de son père, c'était de faire du cinéma en famille, une sorte de cinéma-vérité comme aucun cinéaste de la Nouvelle Vague n'a encore osé le faire. Des films communautaires, où tout le monde fait tout, participe, nourrit, enrichit, travaille au script et à la mise en scène dans la foi, la religion de l'art. Un cinéma encore plus introspectif que celui de Truffaut ou de Godard, et dont Berri se voyait le capitaine.

Cette idée de cinéma de l'intime, c'est avec Maurice Pialat qu'elle avait pris corps. Sauf que Pialat ne croyait pas aux idées, sinon pour les trahir.

Le premier de ces « films à nous » ça devait être l'histoire d'un père qui aide son fils à devenir acteur jusqu'à ce que le fils se rende compte que c'est son père l'acteur de génie. Claude avait commencé de rédiger le scénario avec son père, ils avaient trouvé un titre : *Le Cinéma de papa.* Ils s'étaient réservé les deux rôles principaux.

Hirsch Langmann aurait certainement fait un très mauvais acteur de cinéma. Paradoxalement, c'est Maurice Pialat qui lui rendra le plus bel hommage avec son film *A nos amours*. Motivé par la rage et le ressentiment envers Claude et toute la famille Langmann, le réalisateur s'est fait comédien pour interpréter un Hirsch Langmann cynique, très éloigné de la réalité, mais crédible, et inoubliable.

— Debout, mon garçon ! Il est tard.

Hirsch tire les rideaux. Claude essaie d'ouvrir les yeux, de parler. Impossible. L'équilibre lui manque.

Hirsch regarde un peu partout. La chambre aurait besoin d'un bon coup de balai, autre chose l'affole : il ne voit plus l'Oscar. La statuette n'est pas sur l'étagère où Claude lui avait confectionné un petit autel. Elle n'est pas non plus sur le bureau.

Elle n'est pas tombée par terre. Il regarde partout, jusque dans la poubelle, des fois que, dans une des crises de désespoir dont il est coutumier, ou sous l'effet de l'alcool, Claude ait décidé de s'en défaire.

— Où t'as mis l'Oscar, Claude ?

Claude essaie d'ouvrir les yeux, mais tout reste flou, il est ébloui par la lumière, il plisse les yeux pour reconnaître le visage de son père penché au-dessus de lui, c'est le visage d'un homme ravagé par la maladie, une barbe d'une semaine qui n'arrive plus à dissimuler sa maigreur, il va crever, se dit-il. Ce qui l'apitoie, c'est la tristesse de son père au sujet de la statuette :

— Ton Oscar, Claude, je ne le vois plus, répète le vieil homme.

On dirait qu'il va pleurer. Claude ne veut pas voir ça. Plutôt se rendormir. Le vieux le secoue, réclame son trophée, il gueule comme il a toujours gueulé contre son fils depuis trente ans : à ses premières chutes, bris de verre, coupures, maladies, mauvaises notes en maths, zéros de conduite, il n'a cessé de crier sur cet enfant cancre, impossible à éduquer, même à coups de ceinture. Il l'aurait frappé avec le manche à balai si Beila ne l'avait pas retenu. Ce matin, c'est encore plus déchirant, avec ces mots dérisoires qui transpercent les tympans de Claude :

— L'Oscar !

— Merde, papa.

— Merde ? Tu me dis merde ?

— Je dors.

— Il est où ?

— Je l'ai perdu.

— Nom d'un chien, j'en étais sûr ! C'est pas possible ! Où est-ce que tu l'as perdu ?

Hirsch Langmann a toujours cru au génie de son fils. Comme enfant gâté, comme écolier cancre, il y a cru en Poulbot voleur de billes, en petit Juif caché sous un faux nom à la campagne, en acteur de Renoir, en écrivain, en Pagnol du faubourg Poissonnière, il a toujours su que la place de son fils était parmi les grands artistes de ce temps, et rien ne l'a rendu plus heureux que cet Oscar ; un triomphe qui n'arrive que dans les rêves. Claude revoit son père quand la statuette est entrée dans l'appartement de la rue du Faubourg-Poissonnière, portée par Arlette en robe blanche, des ailes dans le dos, Claude revoit son père malade, au bord des larmes, transfiguré par la consécration de son fils, il pose ses lèvres sèches sur le métal doré, talisman de sa guérison désormais certaine, le vieux serre l'objet comme un damné, s'y accroche, le couvre de larmes, sans plus se retenir, pourquoi avoir honte de ces larmes de reconnaissance et de victoire. Hirsch Langmann a cru en son fils escroc, voyou, il a cru en son fils parricide, il ne peut pas croire qu'il ait perdu l'Oscar, la Samothrace familiale !

— Debout, Claude ! On va le retrouver.

— Laisse, papa. C'est moche. On s'en fout.

— C'est toi qui es fou ! C'est de l'or !

— Trois grammes d'or pour quatre kilos de ferraille. On en trouve à mille dollars dans les brocantes de Cape Cod.

Le vieux accuse le coup, le souffle lui manque, il a froid, son visage se couvre de sueur, il bredouille, les jambes en coton, il vacille, et le temps que Claude comprenne ce qui se passe, il s'écroule, renversant le pupitre de Claude dans un fracas de crayons de couleur et de boîte à compas.

— Papa !

Claude a sauté du lit, il prend la tête de son père, essuie son visage glacé :

— Papa ! Arrête, qu'est-ce que tu fais ?

Combien de fois Hirsch Langmann a-t-il feint cette attaque cardiaque pour amuser ses enfants et faire enrager sa femme ? Et il était bon, théâtral et crédible.

— C'est pas marrant, là. Arrête ! Je t'explique ! J'ai fait exprès de la perdre, cette statuette : je n'ai même pas regardé mes cartes. Tu m'entends ? Réveille-toi, bordel ! Ne joue pas à ça.

Il n'y a pas plus mauvais acteur qu'un mourant, son jeu est tellement faux qu'on en suffoque :

— Arrête ! hurle Claude qui se réveille enfin pour de bon, ébloui par la lumière froide du soleil d'hiver.

Sa mère a tiré les rideaux :

— Il est midi, mon garçon.

Hirsch Langmann est mort et enterré depuis cinq ans, il n'a pas vu la statuette remportée par son fils, n'a pas su son triomphe.

Lors d'un entretien à la télévision, Jean Herman explique ce qui, d'après lui, aurait causé la maladie et entraîné la mort rapide du père de Claude Berri : « Il est mort peu de temps après le tournage, frappé par l'émotion, j'ai l'impression. Frappé par trop d'oxygène, d'un seul coup. »

Quand Herman parle d'oxygène, c'est moins à l'air de la campagne qu'à celui de l'aventure, au vent du rêve que représentait le cinéma pour cet homme confiné toute sa vie dans son atelier du faubourg Poissonnière, à découper des peaux pour en faire des manteaux de fourrure.

Aujourd'hui, cinq ans après sa mort, son portrait est encadré et trône sur la table de chevet de son fils, et c'est devant ce visage que Beila vient de poser l'assiette avec le croissant, le gros bol de café et le *Parisien libéré*, plié en quatre, qui annonce sur cinq colonnes, avec une grande photo, la mort de Raoul Lévy à Saint-Tropez.

« Le plus grand "joueur" du cinéma français, le producteur qui lança Brigitte Bardot, le metteur en scène de L'Espion*, s'est donné la mort par désespoir d'amour.*

« Raoul Lévy qui était licencié ès sciences économiques avait débuté dans le cinéma après la guerre, à l'âge de 23 ans, comme assistant d'une firme américaine au Mexique. Revenu en France en 48, il s'établit deux ans plus tard comme producteur indépendant. Il produisit Et Dieu créa la femme*,* Les Bijoutiers du clair de lune*,* En cas de malheur *et* La Vérité*, dont Brigitte Bardot était la vedette. »*

Pour Beila, la mort de Raoul Lévy n'est pas une surprise. Le cinéma engendre la mort. Il a tué son mari, il a introduit le diable dans sa famille sous le nom de Pialat, et bientôt sous le nom d'une Rassam qui va lui prendre son fils. Elle déteste le cinéma, et la mort de ce producteur serait comme la balle qui vient d'atteindre le voisin, une chance. Tout comme la disparition de la statuette dont elle demande des nouvelles.

— Où as-tu mis l'Oscar, Claude ?

— Je l'ai perdu, maman.

— Dieu l'a voulu. C'est bien. Mange, maintenant.

On dispose également de plusieurs représentations de la mère de Claude Berri au cinéma. Zorica Lozic joue dans *Le Vieil Homme et l'enfant* et dans *La Première Fois*, toujours au côté de Charles Denner. Dans *Le Cinéma de papa*, c'est Hénia Suchar qui l'incarne.

Elle apparaît aussi interprétée par Evelyne Ker, dans le film de Pialat, *A nos amours*. Hystérisée à mort, méchante, violente, folle, exécrable, Pialat a forcé le trait pour se venger, y sacrifiant toute vraisemblance, au profit d'un personnage, là aussi, inoubliable. Evelyne Ker incarnait la pute dans *Janine*, pour ceux qui n'auraient pas capté le message. Une fois de plus, rien ne vaut la véritable Beila Langmann, filmée à l'occasion d'un portrait de Claude Berri, réalisé pour la télé à l'occasion de la sortie du *Cinéma de papa*. C'est là qu'elle paraît la plus effrayante. De sècheresse, de lucidité quand elle parle de ses hommes.

Toujours saisissant, pour le spectateur, la découverte des vraies personnes qui ont inspiré les cinéastes ou les écrivains ; elle fait prendre la mesure de ce qu'on perd entre le réel et l'œuvre qui a prétendu s'en saisir. Elle donne la mesure du sacrifice que représente, pour des cinéastes autobiographiques, l'embauche d'acteurs.

Rassam ne peut pas s'en passer, c'est ce qu'il se dit chaque fois qu'il va voir les filles. Il met la pensée d'Annie de côté et pousse la porte du bar de la rue Chabanais. Vestige de l'ancien temps, il y a des chambres à l'étage. C'est vite fait, et en sortant, alors que la pensée d'Annie lui revient, il se répète : Je ne peux pas m'en passer, j'assouvis un besoin.

Un besoin de quoi, qu'est-ce qu'il y a derrière les mots sexe, corps et filles, et quel est le sens de ce jeu plus ou moins agréable, égoïste, qui stimule sa conscience ?

Il est de retour rue Saint-Guillaume vers huit heures, avec des croissants, des chouquettes, les viennoiseries du remords. Il monte les cinq étages à pied, ça dessaoule. Pour entrer, il pousse la porte du bout du pied, car à cette époque, si la plupart des gens glissent les clés de leur appartement sous le paillasson ou sur la porte, Rassam, rebelle, a fait retirer la serrure, estimant que rien n'est plus encourageant pour les amis, et décourageant pour les cambrioleurs.

fascistes, ce nid de pétainistes qui ne rêvent que de casser du bougnoule, car c'est comme ça qu'on appelle les Arabes dans cette école, tu dois le savoir. Bougnoule, crouille et raton, tu en veux encore ? M'avoir envoyé là-dedans, c'est là ton sacrifice ? Contrairement à ce que tu sembles croire, en français, le fric n'est pas l'abréviation de sacrifice. Du fric, tu n'en auras jamais assez pour réparer le mal que tu as fait à maman. Ce que tu appelles ton sacrifice, ce sont ceux que tu portes chaque jour à l'autel de ton confort et de ton impunité : tes enfants et leur mère. »

Admirant autant la violence que le courage de cet enfant et ne pouvant supporter ni l'une ni l'autre, Thomas s'est mis à marcher de long en large dans son bureau de la Big Company Petroleum, en répétant : « Plus jamais ! Plus jamais ! »

Plus jamais n'a qu'un temps, en Orient. Plus jamais la guerre, plus jamais les bombes, plus jamais l'amour, et puis un matin, le téléphone sonne dans la chambre de l'hôtel Continental de Téhéran. Il décroche, et les mots conciliants d'Anne-Marie réveillent son besoin vital de parler à son fils, un enfant qui se tortille, s'enroule de contrition dans le fil interminable du téléphone.

— Tu m'as brisé le cœur, on n'écrit pas des lettres comme ça à son père.

— Pardon ! Pardon !

Soupir. Silence. Grésillements du téléphone.

— Ta sœur me parle de dix millions. C'est une somme, Jean-Pierre !

— Cent mille francs, papa ! Pas dix millions !

— Qu'est-ce qu'elle me raconte ?

— Elle a parlé en anciens francs…

— Et qu'est-ce que tu veux faire, avec cent mille francs ?

— Prêter de l'argent à un type qui en a besoin pour faire des films. Je ne prends aucun risque.

Thomas fait confiance à son fils, il a eu maintes occasions de vérifier son sens des affaires ; son dernier coup à la Bourse au moment du référendum de Gaulle, c'était du grand art. Prêter de l'argent à des gens de cinéma, c'est la garantie de le perdre.

— Le type est un génie, il veut monter sa maison de production de films.

— Des films en couleurs ?

— Papa !

Même dans le cinéma, Jean-Pierre est capable de réussir, se dit Thomas, et de toute façon, il n'a pas le choix, il n'a jamais refusé d'argent à ses enfants.

— Il y aura une enveloppe pour toi chez Georges.

— Que Dieu te bénisse, papa.

— Bon, et vous deux, comment ça va ?

— Ça va…

— Anne-Marie avait la voix fatiguée. Elle fume toujours autant ?

— Je crois qu'elle est amoureuse.

— Mabrouk ! Tu le connais, au moins ?

— Evidemment.

— C'est un type bien ?

— C'est le meilleur.

— Qui c'est ?

— Je t'en parlerai plus tard, papa.

— Prends soin d'elle.
— C'est la prunelle de mes yeux, papa.
— Allez, je t'embrasse.
— Moi aussi, papa, je t'embrasse.
— Embrasse ta sœur.
— Je l'embrasse. Et je t'embrasse.
— Et ton amie. Embrasse-la.
— Annie.
— Oui, Annie, embrasse-la.
— D'accord, je l'embrasse.
— Elle va bien ?
— Très bien.
— Vous pensez un peu à la suite ?
— On y pense, papa.
— Ça fait cinq ans, il est temps…
— On y pense.
— Alors je vous embrasse tous les deux. Tous les trois.
— Et elles t'embrassent.
— Embrasse ta mère, aussi. Je vais l'appeler.
— Embrasse maman.
— Allez, que Dieu vous garde.

Rassam raccroche, essoufflé.

— Papa veut que je t'embrasse. Je peux t'embrasser ?

Jean-Pierre et Anne-Marie s'embrassent, c'est le baiser des grands moments, le baiser électrique, celui qu'ils ne pratiquent plus que dans les grandes occasions, les grands malheurs, les grands bonheurs, le baiser au goût de l'enfance, de l'adolescence, de leur péché, de leur secret.

Tout est posé par terre dans la chambre de Jean-Pierre : le matelas sur lequel Annie s'est effondrée, les baffles, les deux postes de télé diffusent la mire de la première et de la deuxième chaîne. Par terre aussi le petit temple indien en bois peint, plus rustique qu'antique, mais la mode est passée, l'entrejambe de Shiva sert de cendrier. La manie de l'encens tient toujours, on allume les bâtonnets en écoutant Ravi Shankar dont la pochette traîne sur la peau de mouton, à côté du pick-up. Asunción ne peut rien contre les brûlures de cigarette qui ravagent le parquet.

L'Oscar de Berri est debout sur la planche en bois brut, à la tête du lit. Avec ses bras croisés et son nez coupé, il a tout du Sphinx veillant sur le sommeil d'Annie. Elle fait peut-être semblant de dormir, se dit Jean-Pierre en posant le plateau sur le lit.

L'odeur du café remplit la chambre. Il prend un croissant, qu'il dévore en scrutant le visage pâle de la fausse endormie ; les larmes dessinées au Rimmel, les lèvres gercées, la blondeur des cheveux étalés sur le drap, elle est belle, elle est pure, il peut rester longtemps à la regarder dormir, c'est ce qu'il préfère, surtout quand il vient de quitter une putain et qu'il a un peu honte. Elle n'a pas vieilli, c'est pas vrai, elle est un peu plus malheureuse qu'avant, c'est tout. Il ne la réveille pas, puisqu'elle ne dort pas, il en est sûr. L'amoureux pique du nez. Il est réveillé par le générique du « Jour du Seigneur », son dernier morceau de croissant coincé dans sa bouche. « Merde alors ! Je m'endors la bouche pleine, maintenant, c'est nouveau. »

Il secoue Annie qui dort pour de bon :

— Réveille-toi, bébé ! Je m'excuse. J'ai été con hier soir. C'est fini. OK ?

— Je ne veux plus te voir, Jean-Pierre. Je ne veux plus t'entendre.

— Anne-Marie m'a dit pour ce matin. Normal. Je t'avais dit. C'est pas comme ça que ça marche. On s'en fout. Tu vas arrêter les castings, c'est décidé, les cours de théâtre, tout ça ne sert à rien.

— Je vais partir, Jean-Pierre. Je vais te quitter.

— Tu veux faire du cinéma ? Tu vas faire du cinéma. Ecoute-moi. Tu ne veux pas ton croissant ? Tu veux que j'aille te faire réchauffer le café ?

— Laisse-moi.

— Pour faire du cinéma, explique Jean-Pierre en mangeant le croissant d'Annie, il y a deux possibilités. Pas trois. Soit tu couches avec le metteur en scène, soit tu couches avec le producteur. Et comme tu n'es pas foutue de coucher avec un metteur en scène, tu vas essayer avec un producteur.

— Tu me donnes envie de vomir.

— Avec un producteur génial, qui baise comme un dieu. Je vais produire des films, bébé. Enlève ta culotte.

Ils baisent pendant que l'invité du dimanche, le père Guy de Fatto, l'aumônier des artistes du spectacle, évoque cette messe accompagnée de musique de jazz :

— Une expérience vraiment déconcertante pour le public français. Il y avait de tout, des Noirs, des Blancs, des catholiques, des protestants, des israélites, des incroyants, nous avons voulu essayer, savoir si c'était possible.

John Littleton, le chanteur de negro spiritual, entonne son tube :

Down by the riverside ! *Down by the riverside* !

– 6 –

Thomas Rassam venait régulièrement rendre visite à Calouste Gulbenkian dans cet hôtel particulier du 51, avenue d'Iéna ; visite rituelle, deux fois l'an, en compagnie de ses enfants, Jean-Pierre et Anne-Marie. Thomas tenait par-dessus tout à présenter les progrès de sa progéniture au milliardaire arménien.

Si Gulbenkian n'était plus l'homme le plus riche du monde, des marchands de pétrole texans et des armateurs grecs l'ayant surpassé au palmarès, il n'avait rien perdu de sa fortune incommensurable, continuant d'enrichir sa fabuleuse collection jusqu'à sa mort, en 1955. Jean-Pierre n'a rien oublié de ces régulières et édifiantes corvées :

— Fallait voir cet escalier, pharaonique, le vieux nous attendait en haut des marches, on devait l'embrasser, quatre-vingt-deux, quatre-vingt-trois ans, ça m'a vacciné contre la peur de mourir, et de mourir ruiné. Ça m'a libéré aussi de tout complexe vis-à-vis de l'art. On passait en revue les chefs-d'œuvre, on avançait comme des hippocampes devant des centaines, des milliers de pièces d'antiquité égyptiennes, d'Art Nouveau, tout ce qu'il y avait de mieux en peinture. Ça aurait dû me dégoûter des musées tellement ça sentait l'encaustique. Mais il y avait là la moitié du musée de l'Ermitage. Alors au bout d'un moment, tu oublies l'odeur, tu frissonnes, même quand tu as dix ans et que tu es censé te contrefoutre du quattrocento.

Il ne reste rien des trésors de l'avenue d'Iéna ; faute d'un accord avec l'Etat français, tout est parti à Lisbonne. Malraux n'était pas encore arrivé au ministère de la Culture.

Thomas Rassam aura été pendant près de trente ans l'homme de confiance, le collaborateur, et finalement l'ami de Calouste Gulbenkian. Quand Jean-Pierre baratine sur son grand-père « ministre des Finances du dernier sultan ottoman », c'est à Gulbenkian qu'il fait secrètement référence, comme à une figure tutélaire dont il serait l'héritier fantasmatique.

Georges, le vieux factotum de la maison Gulbenkian, reçoit Jean-Pierre dans un petit bureau du rez-de-chaussée. Avec un mélange de respect, de nostalgie et d'habitude, il enveloppe les cent mille francs dans la dernière édition de *L'Aurore*, car c'est le journal que son maître lisait tous les matins, et l'abonnement court toujours. La photo de Raoul Lévy est en première page, et le paquet ficelé de telle sorte que seuls ses yeux apparaissent.

Jean-Pierre glisse l'argent au fond d'un sac Prisunic, surtout pas d'attaché-case quand on transporte du liquide, éviter tout ce qui peut attirer l'attention d'un voleur, comme son père le lui a appris ; il monte dans un taxi, se fait déposer devant une station de métro, descend et remonte par l'autre bouche, reprend un taxi qui le dépose devant le 7 de la rue des Dames-Augustines, à Neuilly.

Jean-Pierre pousse le portail en fer, traverse le petit jardin de la maison, c'est coquet, calme, il reste encore un peu de neige, il monte les trois marches du perron, il sonne, pas de réponse, il pousse la porte, traverse le vestibule désert, le silence, frappe à la première porte. Une voix de femme lui répond. Il entre.

— J'ai rendez-vous avec Claude Berri.

— Je ne suis pas l'hôtesse d'accueil, zut !

— Vous êtes qui, alors ?

— Marguerite Bodard.

— Ah, c'est vous, se réjouit Rassam en fonçant sur la productrice pour lui serrer la main. Enchanté ! Vraiment enchanté ! Moi, c'est Jean-Pierre Rassam. R.A.S.S.A.M., épingle-t-il dans l'air du bout des doigts. Ça tombe bien que je vous rencontre, on a parlé de vous hier soir avec Claude. Il m'a expliqué un peu comment ça marchait.

— Excusez-moi, j'ai du travail…

— J'ai plein de trucs à vous dire. D'abord, cette histoire de « fonds de soutien ». Qu'est-ce que c'est que cette connerie ? On prélève de l'argent sur les recettes des films qui marchent pour le reverser aux films qui ne marchent pas ?

— C'est un peu plus compliqué…

Mag Bodard aura cinquante et un ans dans deux jours. Elle a d'abord été journaliste, reporter en

Indochine, où elle a rencontré l'écrivain baroudeur Lucien Bodard avec qui elle s'est mariée. De retour à Paris, elle est tombée amoureuse de Pierre Lazareff, le patron de *France-Soir*, elle s'est alors lancée dans la production, en commençant par un premier film, *La Gamberge*, qui n'a pas trop mal marché, avant de produire *Les Parapluies de Cherbourg*, de Jacques Demy, qui a obtenu la Palme d'or à Cannes. Donc, tout va bien, elle a plein de projets, des films en cours, elle se demande d'où sort ce fou qui lui demande combien elle a perdu avec le film d'Agnès Varda, *Les Créatures*.

— Je vous demande ça, insiste Rassam en s'asseyant devant le bureau, parce qu'on a vu le film le mois dernier avec Annie, ma fiancée. Et c'était bien mauvais. Annie avait passé un casting pour ce film. Elle avait auditionné devant Mme Varda et Michel Legrand qui l'ont traitée comme une merde.

— Vraiment ?

— Ah oui ! Comme une merde.

— Ça m'étonnerait. J'ai mille choses à faire. Vraiment.

— Moi aussi ! Regardez, le fric est là. Je suis le prêteur. L'usurier. Le parieur.

— Le bureau de Claude est au bout du couloir, vous prenez le petit escalier, et c'est la troisième porte en verre.

— Vous avez mis de l'argent dans le film de Claude ?

— Je… non !

— Vous connaissez l'histoire ?

— J'ai même lu le scénario.

— Ça ne vous a pas intéressée ?

— Je ne peux pas tout produire.

— Quand même ! « Le petit enfant juif réfugié chez un vieux monsieur antisémite », le type qui a trouvé ça est un génie.

— Vous parlez de Claude ?

— Comment pouvez-vous passer à côté d'une histoire pareille ? Qu'est-ce qui vous fait rire, madame ?

— Je vous regarde.

— Et ?

— Et je me demandais si vous n'auriez pas envie de travailler pour moi ?

Le premier échange de regards suffit à relancer le fol espoir de la veille. Ils avaient envie de se revoir, de travailler ensemble, et comme Rassam a apporté le fric ça risque effectivement de se faire : Berri va pouvoir monter sa société, être libre, c'est-à-dire faire les films qu'il rêve de faire depuis tant d'années.

Les liasses de billets de cinq cents jaillissent de la première page de *L'Aurore*.

Sous la photo de Raoul Lévy, Berri remarque cette citation, probablement apocryphe : *« Un producteur est condamné à réussir sous peine d'aller en prison. »*

Le reste de l'article est du même tonneau : *« Son existence fut une course de vitesse avec ses créanciers, il avait rarement de l'avance sur eux et même au sommet de sa réussite ne parvint jamais à stabiliser sa situation financière car il se lançait sans cesse dans de nouvelles entreprises qui spéculaient toujours sur de chimériques succès. Lévy, producteur de génie et PDG aux capitaux imaginaires, est mort dans la ruine. »*

Ce journal de droite, Berri s'est toujours interdit de l'acheter, il ne l'a ouvert que dans les cas exceptionnels où devait paraître la critique d'un film dans lequel il jouait. De toute façon, de *L'Huma* au *Figaro*, les critiques ne parlent pas de lui. Ce n'est pas la mort de Raoul qui va changer les choses.

Claude a donné rendez-vous à Anne-Marie au Procope, ça fait une demi-heure qu'il attend en tournant les pages de *France-Soir*. Il essaie de s'intéresser à autre chose qu'à l'article sur la mort de Raoul Lévy. Il voudrait avoir l'air d'un mec en train de lire les pages Economie quand elle va arriver, si elle arrive, il commence à douter, à regretter ce restaurant, il a choisi l'endroit à cause de Rabelais et du stock d'écrivains qui sont passés par là, mais c'est cher, et bizarre d'inviter une fille avec l'argent prêté dans l'après-midi par le frère. Est-ce qu'elle le sait, est-ce que c'est une mauvaise idée ?

La voilà, nom de Dieu, c'est bien elle.

Est-ce une illusion ? Est-ce que l'émotion le rend sourd ? Il semble que le volume sonore de la salle a soudain diminué d'un cran à son arrivée. Lui-même a baissé les yeux, plongeant dans les pages Eco, et c'est une erreur, car elle a surpris son regard braqué sur l'entrée.

Il a rencontré des belles femmes dans sa vie, il a eu rendez-vous avec des beautés, ne parlons pas de

Brigitte Bardot… ce n'est pas non plus la première fois qu'il invite à dîner une femme qui fait son effet, mais quand les gens se taisent à son apparition et qu'il y a comme un murmure à son approche, avec ce bruit de couverts très particulier, quand soixante-dix hommes s'essuient la bouche en même temps, c'est qu'il y a autre chose que la beauté. Ça peut être la célébrité, en l'occurrence ce n'est pas le cas, alors c'est quoi, quel mot ? Il ne respire plus, il attend, planqué derrière les cours de la Bourse. Elle retire son manteau chaud, sa longue écharpe qu'elle jette sur la banquette, et alors il ne peut plus faire autrement que de lever les yeux vers elle, et fermer le journal dans un vacarme de papier froissé qui referme cette demi-heure de pur bonheur d'attente, il se lève, s'emberlificote avec le manteau, la banquette, ils vont dîner côte à côte, à l'ancienne. Il préfère. Elle trouve ça marrant. C'est comme dans *Le Diable au corps* d'Autant-Lara. Il n'a pas osé lui faire la bise. Tant mieux. Un bon point. Il n'a pas encore ouvert la bouche, ne sachant pas s'il devait la tutoyer, déjà.

— Les nouvelles sont bonnes ? elle demande.

— Raoul Lévy est mort. C'était un producteur de cinéma…

— Je sais.

— Il y a du nouveau. Des témoignages. Des hypothèses. Il aurait crié : « Si tu ne m'ouvres pas je me tue ! » Ça pourrait être aussi un accident, ce serait en frappant à la porte avec la crosse de son arme que le coup serait parti, accidentellement. Il y a une déclaration d'Isabelle : « *Raoul vivait dans le drame. Il se sentait attiré par l'idée de l'échec. Le drame était toujours pour lui la seule issue possible.* » Bizarre de parler comme ça ; Raoul n'est même pas enterré.

— Elle est belle ? Tu la connais bien ?

— Un peu. Froide. Elle était avec Peter O'Toole. Elle travaillait dans la boutique de Gunter Sachs à Saint-Tropez. C'est là qu'Eddie Barclay l'a repérée et embauchée comme attachée de presse. Et après, je ne sais pas comment elle s'est retrouvée sur le film de Godard, produit par Raoul. Raoul est donc tombé amoureux d'elle à ce moment-là. Fou amoureux. Je ne sais pas si je pourrais me tirer un coup de carabine dans le ventre pour une femme que j'aime et qui ne veut pas de moi.

— Il faut essayer pour le savoir.

Il la regarde, se demande en quoi elle ressemble à son frère. En tout cas elle lui plaît. Et elle a d'excellentes initiatives :

— Ça ne t'embête pas si on va ailleurs ?

Claude bondit, soulagé. Il l'aide à remettre son manteau, complimente l'écharpe, elle rit, il calme le serveur avec un billet de dix francs, lui embrouille une explication, une urgence, une femme fragile, désolé.

Elle propose de marcher.

— Il fait un de ces froids, j'adore ! Pas toi ?

— Si si, j'aime beaucoup.

Donc, ils se tutoient depuis un moment. Et tant qu'à faire, ils vont vers la Seine, il y fait encore plus froid. Il a renoncé à son anorak pour un manteau de demi-saison, plus élégant, beaucoup moins chaud, il a toujours été frileux, il va peut-être en mourir, tant mieux, elle sent bon le patchouli et la Gauloise. Il pense poser sa main sur son épaule, au dernier moment il se retient. Elle a raison, il se dit, pourquoi dîner, toujours dîner, on est tellement mieux dehors. Ils marchent en silence, cherchent un sujet de conversation. Il n'ose toujours pas la toucher de peur qu'elle se rende compte qu'il tremble de froid.

— Tu n'as pas froid ?

— Non, ça va. Je suis bien. Je suis très bien.

Il se met à parler en faisant des gestes. Ils descendent sur les quais, comme pour aller s'embrasser en cachette, et c'est ce qu'ils font. Et ils repartent, main dans la main, il se sent incroyablement bien.

Il est tombé amoureux d'elle la veille, autour de la partie de poker, et là, ça recommence, il retombe amoureux pour de vrai. Il sait que ça ne va pas s'arrêter avec elle, chaque fois qu'il dit un truc elle répond le contraire et lui il aime ça, il est comme un boxeur sur le ring qui prend une dérouillée, il tombe, se relève, retombe et en redemande, c'est mortel.

Il ne sait pas s'il va s'évanouir à cause du froid ou de la virulence de cette fille qui lui fait peur.

Ils marchent dans la brume glaciale, le long des quais vides, sous chaque réverbère, il la regarde et elle est tellement merveilleuse qu'il frissonne plus fort que ses frissons de froid, il brûle. Elle le touche, pose sa tête sur son épaule, il ne bouge pas, ne cherche surtout pas à l'embrasser.

Quel type étrange, elle se dit. Elle le regarde, lui caresse la joue, elle essaie de reconnaître « le mec génial » dont lui a parlé son frère. Il est tellement différent de Jean-Pierre : il ne dissimule rien, il en rajoute, même, l'air de dire : je suis là, je suis comme ça, et c'est ce qui la rassure. Pour le reste, il faut creuser.

— Bon, je vais rentrer, elle dit, alors qu'elle n'en a pas envie.

Elle refuse qu'il la raccompagne rue Saint-Guillaume, alors qu'elle en meurt d'envie.

Elle va remonter la rue du Bac toute seule, traîner encore du côté de Saint-Germain, peut-être, au hasard, rencontrer encore des copains, on sait pas, ce n'est pas qu'elle a honte qu'on la voie avec lui, mais ça la gênerait... Il ne comprend pas, il n'insiste pas, du moment qu'elle accepte de le revoir, s'il est encore en vie, avec la grippe dont il sent monter les effets, fièvre, bourdonnements, vertiges.

Ils dînent ensemble le lendemain soir, et ils se revoient aux Dames Zo, comme on appelle la rue des Dames-Augustines où Claude a organisé pour elle et Jean-Pierre une projection du *Poulet.* Jean-Pierre n'est pas là. Anne-Marie est seule dans la salle. Claude l'a tellement prévenue qu'elle allait trouver son film très mauvais, pas à la hauteur, insupportablement mièvre, elle a tellement peur de penser la même chose qu'elle est agréablement surprise.

Elle voit un joli conte en noir et blanc. Et elle le reconnaît tellement dans ce petit garçon amoureux d'un poulet. A la fin de la projection, elle a juste envie de le serrer dans ses bras, ce qu'elle fait, se surprenant à penser : Je me sens bien avec lui.

Doublage, mixage, bruitage, Rassam se passionne pour tous ces usinages, il a l'impression d'entrer pour la première fois à l'intérieur du cinéma, d'en être pour de vrai et plus seulement en juge inculte, en critique inutile, et ce qu'il voit du film de Berri confirme son intuition : ça va faire un malheur. Les Français ont été privés de dire des conneries sur les Juifs pendant vingt ans, ils en crèvent d'envie, et si ça sort de la bouche de Michel Simon, leur idole, quel régal ! En plus, ils ne risquent rien puisque le film est réalisé par un Juif, autant dire un rescapé des camps de la mort. Les répliques antisémites le font plier de rire. L'enfant est bouleversant. Mais bon, repasser cinquante fois la même scène pour caler un bruit de fourchette, c'est au-dessus de ses forces. La musique de Georges Delerue n'est pas faite pour arranger les choses.

Par ailleurs, la vision d'Anne-Marie vautrée sur la banquette de l'auditorium, en train de se faire bécoter par Claude, ce n'est pas ce qui l'enchante le plus.

Il préfère prendre l'avion pour Bordeaux où Michel Deville tourne *Les Mémoires d'un puceau*, produit par Mag Bodard qui l'a donc engagé dans sa société de production.

C'est un film d'époque, cher, en costumes, avec des mouvements qui prennent du temps, des problèmes de lumières, car c'est censé se passer en été alors qu'on est en plein hiver. Rassam débarque dans cette ambiance sérieuse et compassée :

— Je viens pour le dépucelage.

Ça amuse beaucoup Michèle Morgan et Catherine Deneuve. Il devient tout de suite copain avec Pierre Clémenti qui a sur lui quantité de produits intéressants, LSD, champignons, amphétamines, que Rassam expérimente dans l'avion du retour.

Aux Dames Zo, il retrouve celle qu'il appelle désormais Maggy et qu'il épate un peu plus chaque jour. Il lui est très utile : il épluche les contrats, trouve les failles, dirige la difficile négociation avec le coproducteur suédois, il est le seul de la maison à maîtriser correctement l'anglais, l'allemand et les chiffres.

— Ne vous laissez pas impressionner par l'argent, Maggy. Vos petits millions de francs, anciens ou nouveaux, c'est de la roupie de sansonnet par rapport à ce qui circule tous les jours entre les mains de ces gens-là. Le budget de votre prétendue superproduction, ce n'est pas le dixième de ce qu'un petit courtier réalise à la Bourse en une journée. Du fric, il y en a, il faut aller le chercher là où il est. On va récupérer ce qu'on a perdu sur le Varda. Enfin, ce que vous avez perdu, parce que, moi, je n'aurais jamais produit ce film, jamais fait une connerie pareille.

Ainsi, les choses sont claires, c'est lui qui a produit *Le Vieil Homme et l'enfant.* Et pourquoi pas le film de Demy, *Les Demoiselles de Rochefort*, pendant qu'on y est ? Il sort début mars, il faut se bouger, aller voir Untel, téléphoner à Unetelle, il s'y colle, il appelle, il ose, et ça marche.

— Vous carburez à quoi, Jean-Pierre ? Maxiton ?

— En voulez-vous, Maggy ?

Il a trois idées par jour, à midi un film sur Che Guevara, à cinq heures un feuilleton sur Abd el-Kader, et le soir, son obsession lui revient comme le coucher du soleil : il faut que Polanski réalise le *Voyage au bout de la nuit*. Polanski est à Londres en ce moment, Jean-Pierre lui a fait parvenir le roman par l'intermédiaire de son scénariste, Gérard Brach.

Un film infaisable, lui répète-t-on, et c'est pour ça qu'il veut le faire. Produire, produire, il adore le mot produire, l'idée de produire *Le Voyage*, Annie tiendra le rôle de Lola. A un moment, il a pensé à Orson Welles, ça peut encore changer selon l'ambiance de la rue Saint-Guillaume, ce soir, il demande à Berri :

— Si Polanski refuse, tu te sens capable, toi, de tourner ça ?

— Chaque chose en son temps.

Le temps ? C'est la seule chose que Jean-Pierre ne compte pas. Avec l'argent.

Avec Eric Rohmer, il n'y va pas par quatre chemins :

— J'ai une actrice pour vous, Eric ! Elle vous adore. Annie Chardon. Belle comme le feu ! Je l'appelle.

Elle rapplique en quatrième vitesse, en vain, ça ne marche pas avec Rohmer.

— T'en fais pas, bébé, tu as le contact, maintenant.

Il la présente à tout le monde, car tout le monde passe aux Dames Zo, metteurs en scène, agents, producteurs. Dès qu'une sommité se pointe, Rassam lui saute dessus et lui vend du Annie Chardon comme des actions, en pleine tempête boursière. Chabrol est là ? Il appelle Annie, et rebelote, elle arrive en taxi, décolletée comme par hasard. Chabrol ne la regarde même pas. Elle rentre en pleurant, tombe dans les bras d'Anne-Marie qui, pour remonter le moral de sa copine, ne trouve rien de mieux que de lui annoncer qu'elle a rendez-vous avec Claude. Il veut lui faire visiter le château de Fontainebleau. Curieuse idée. Il est question qu'ils dînent ensuite dans un très bon restaurant, et qu'ils restent dormir.

— A Fontainebleau ?

— Pourquoi pas ?

— Et tu vas coucher avec lui ?

— J'ai l'impression.

– 7 –

Anne-Marie n'aurait pas pu imaginer quelque chose de plus ringard, l'escalope à la crème, la chambre cossue avec le feu de bois dans la cheminée, qui pique les yeux, une odeur qu'elle déteste.

Avec ce garçon, ça n'est pas l'amour fou, il parle comme un type qui a déjà vécu, mais sur un ton enfantin.

Il a tout un stock de souvenirs marrants ou navrants, avec ou sans Michel Simon. Belmondo, Trintignant, vieilles histoires de tournages, tant d'histoires pour si peu de tournages, dix ans qu'il rame, qu'il voit passer ces gloires qui le frôlent sans l'atteindre, ses potes avec leur chariot de feu, aucun ne s'arrête pour l'embarquer. Un jour, ils viendront sonner à la porte de son empire pour demander l'aumône d'un rôle. En attendant, rien. La dèche. Le chômage.

— J'ai cru que ça allait démarrer, avec *La Vérité*, le film de Clouzot. Tout le monde parlait de ce film. Il y avait des queues incroyables, à toutes les séances.

— Tu as tourné dans *La Vérité*, toi ?

— Oui. Avec Brigitte Bardot.

— Tu faisais quoi ?

— Je faisais pitié. Tu ne t'en souviens pas ?

Elle l'a vu et revu, ce film, elle se souvient de Sami Frey, en futur chef d'orchestre, de Jacques Perrin, en apprenti gigolo, pas de Claude Berri.

— Je suis Georges, le rabat-joie de la bande, celui qui geint sans arrêt : « Moi je joue les baby-sitters, quand les mamans vont au ciné, je donne les biberons et je lave les couches », ma plus longue tirade, au bistrot, quand on est tous autour de Brigitte. Ça ne te dit rien ? A un moment, elle veut me passer la main dans les cheveux pour me consoler. Et tu sais ce que je fais ? Tu sais ce que ce salopard de Clouzot m'a demandé de faire ?... Je la repousse. Le seul mec du cinéma français à avoir repoussé une caresse de Brigitte Bardot, c'est moi.

Anne-Marie se souvient que son frère l'avait emmenée voir *La Vérité* en même temps qu'un autre film, sorti presque le même jour : *A bout de souffle*, de Godard. Jean-Pierre avait une théorie : *La Vérité* comme prototype du film de droite, moraliste, *A bout de souffle* étant le film révolutionnaire par excellence. Clouzot réac et Godard héraut des temps modernes. Anne-Marie n'était pas du tout d'accord. Pour elle, *A bout de souffle* est un film pour les garçons, se reconnaissant dans Belmondo, *La Vérité* un film pour les filles comme elle, se reconnaissant dans Brigitte Bardot, la suicidée.

— Au fait, elle demande, le grand type, l'écrivain raté qui parlait sans arrêt de suicide, comment il s'appelait ?

— Jean-Loup Reynold.

— Qu'est-ce qu'il me plaisait, celui-là !

— Ah bon ? Un peu caricatural comme poète maudit, non ?

J'aimais bien sa gueule, sa dégaine, comme ça, un peu cassé, pas vraiment beau, mais beau quand même. Qu'est-ce qu'il est devenu ? On ne l'a plus revu.

— Non. On ne le reverra plus.

— Pourquoi ?

— Je ne sais pas. Plus de nouvelles.

— Il s'est peut-être suicidé pour de vrai.

— Pas impossible.

— Et le suicide de Brigitte, juste après le film, c'était vrai ?

— Oui.

— Tu la connais vraiment bien ?

— Comme personne : je suis le seul mec du tournage à ne pas avoir couché avec elle. Et je peux te dire qu'elle a vraiment tenté de se suicider. Elle avait ça en tête. D'ailleurs, le film ne parlait que de ça, le suicide, les faux suicides, les vrais, les ratés, les faux suicides ratés, ça l'a préparée si tu veux... C'est comme ça, les bons films : ils déteignent sur la vie. Ils font partie de la vie. Le cinéma c'est la vie.

Anne-Marie croit alors opportun de raconter à Claude sa tentative de suicide, quand elle était jeune. Ça le trouble, l'émeut, l'encourage aussi :

— Maintenant, c'est fini, n'est-ce pas ? Tu vas être heureuse avec moi, tu vas voir.

— Je m'en fous d'être malheureuse...

— Je vais te présenter ma mère, s'écrie-t-il.

— Ça ne peut pas attendre demain ?

Si, bien sûr.

Un enthousiasme aussi puéril, il n'y a que la vie d'artiste pour permettre ça, et surtout le cinéma qui vous fait mener une vie pleine d'histoires inimaginables, autant de films que de vies possibles, c'est ce qu'il lui répète, ils vont faire des films, grâce à Jean-Pierre et à sa fortune fabuleuse.

— Ton frère est un prince. Je l'aime. Je ne sais pas ce qui m'arrive. Je suis tellement amoureux de toi, de ce qui nous arrive. C'est dingue, non ? On ne se quittera plus tous les trois. On s'est vraiment trouvés. C'est pour toujours.

Elle sourit, elle le laisse faire, le laisse dire, elle n'en sait rien non plus, jusqu'où ça peut aller, elle a envie, elle aussi, de vivre des histoires, et continuer de boire du meursault-charmes en fumant des Gauloises. Tout en parlant de psychanalyse. Elle s'y connaît, là-dedans. Elle parle de l'inceste comme si de rien n'était. L'œdipe ne colle pas trop avec l'amour qu'il a pour son père, mais il a hâte d'entrer à son tour dans le monde merveilleux des interprétations freudiennes, devenir comme eux, cultivé, libéré, friqué, faire partie de cette famille de seigneurs.

Il la déshabille enfin, devant le feu presque éteint. Et après avoir fait l'amour, en la regardant dormir, la pensée qui lui revient et lui tire les larmes c'est que son père n'ait pas pu la connaître. Présenter une fille comme elle à son père, ça aurait été le sommet.

A l'endroit où Hirsch Langmann a marché pendant trente ans, entre les peaux, la machine à coudre, l'usure du parquet a formé une rigole, et c'est ce trajet que Beila use encore, aiguisant ses couteaux, étirant ses fourrures sur l'immense établi qui occupe la presque totalité de la salle de séjour. Son gros lainage de deuil sur les épaules, elle accomplit, mal, les gestes de son défunt, ayant décidé d'honorer les commandes d'avant et celles qu'on lui passe encore, par compassion ; elle accepte ces aumônes pour ne pas faire de peine. Les clients comme les fournisseurs se font une image du vieux Langmann tellement idéalisée qu'elle ne veut pas les décevoir, et puis tout serait encore plus triste sans ce rite du chagrin qui dure et s'éternise, qu'elle ne ressent plus que comme la dernière des choses à perdre. Elle est maigre, rongée par l'âge, et une solitude presque totale, qu'elle oublie en voyant débarquer son fils :

— Tu aurais dû me prévenir, gronde-t-elle.

Justement, Claude voulait la surprendre comme ça, dans sa vraie vie, au milieu de cet appartement-atelier éclairé aux néons, envahi de peaux d'animaux morts. Il a débarqué avec Anne-Marie, Jean-Pierre et Annie. Ils sont saisis par l'odeur de colle, de cuir, et l'encombrement. Annie se demande ce qu'elle fait là, à part retenir ses larmes.

— Je suis en tablier, gémit Beila, quelle honte tu me fais.

— On s'en fiche, maman !

— Pas moi !

— Je te présente Anne-Marie, dont je t'ai parlé. Son frère Jean-Pierre, dont je t'ai parlé aussi.

— Oui, tu m'en as parlé, mais revenez plus tard, je ne suis pas prête.

Jean-Pierre a foncé sur la fourrure posée au bord de l'établi, plongeant ses mains dedans.

— Putain, qu'est-ce que c'est doux ! Je ne savais pas qu'il y avait du vison blanc.

— Touchez pas, il n'est pas fini.

Trop tard. Il a déjà posé le vison sur les épaules d'Annie que cela rend immédiatement heureuse, elle tournoie devant le miroir, elle le veut, elle l'aura. Il est à elle. Rassam sort ses liasses après une brève et foudroyante négociation qui laisse Beila étourdie, épouvantée :

— Quel malotru !

— C'est mon ami.

— Arrête de te faire des amis, ils t'entraînent toujours sur le mauvais chemin. Toi et ton père, vous vous êtes trompés sur tous vos amis. Vous n'avez fait entrer que des diables dans cette maison.

— Je suis amoureux, maman. Amoureux fou. Elle n'est pas belle ?

— Belle ? Je ne sais pas.

Quelle importance qu'elle soit belle ou pas ? Elle respire le malheur, la folie. Claude ne comprendra jamais. Impossible de le raisonner. Elle préfère se remettre à travailler. Au moins finir de coudre ce manteau de vison qu'elle ne pourra pas livrer à M. Zimmermann, comme promis. Encore des soucis. Son fils ne lui cause que des soucis. Elle a répudié Arlette à cause de Pialat, plus rien n'est pareil entre elles depuis cette affaire. Et pourtant, elle est heureuse quand elle vient la voir, heureuse à pleurer. Avec l'âge, vraiment, on devient trop sentimental.

Claude a entraîné Anne-Marie dans sa chambre pour une sorte de visite du musée de l'adolescence au centre duquel l'Oscar a retrouvé sa place.

Claude la jette sur son lit d'enfant qui menace de s'effondrer sous le poids des ans, du sacrilège.

– 8 –

Avec Jean-Pierre, c'est tous les soirs des rencontres, des promesses, des projets, Annie a croisé des metteurs en scène, jeunes rebelles du septième art, ils n'ont pas vingt ans, certains à peine dix-sept, et partagent la même ambition concurrente : être Godard ou rien. Ils ont déjà tourné un court-métrage en noir et blanc jugé superbe, poétique, prometteur, elle les connaît, maintenant, elle peut le dire, elle a le contact, mais à chaque fois qu'elle reste deux minutes avec celui-ci ou celui-là, il lui semble que ces connaissances, les unes après les autres, au lieu d'alimenter son rêve, l'entament, le rongent et bientôt il n'en restera plus rien, plus personne, elle sera au bord du gouffre, seule et ignorée, inutile et insignifiante. Reste Godard.

Godard, rue Saint-Guillaume, quand il entre avec ses lunettes fumées, le silence se fait, caractéristique de l'apparition des stars. Un silence d'apnée, d'immobilisation totale des regards et des neurones, un silence devenu pour le réalisateur une drogue, dure et douce, qui lui confère un pouvoir qu'il a d'abord jugé usurpé, dément, mais peu à peu inévitable, et après tout intéressant, dans sa forme, certainement nécessaire, au fond, pas désagréable à la réflexion : ce silence, c'est lui, la texture de son destin. Il aurait du mal à s'en passer, à ne plus y penser, c'est là, et chaque fois qu'il entre quelque part, le silence le bâillonne, l'anesthésie, ça peut durer plusieurs secondes, jusqu'à ce qu'un emmerdeur providentiel vienne le briser, ce silence :

— Hey, Jean-Luc, *come on* !

Rassam l'enveloppe, le cajole. Godard, c'est l'onction suprême, le saint des saints. Et déjà une façon de se distinguer de Berri, qui n'aime pas beaucoup Godard.

Godard traverse la pièce jusqu'au Dom Pérignon, avec son cheveu sur la langue, car même quand il se tait, Godard a un cheveu sur la langue, et même derrière la fumée très épaisse de ses lunettes, son œil frise. Rassam dégage le passage, les toiles d'araignée, les regards, il soulage Godard, et ce faisant, ce n'est plus Godard qui fait son entrée, c'est Rassam qui annonce l'entrée de Godard. Il fait signe à Annie de ramener sa fraise.

— Parle à Jean-Luc, il prépare un film sur le Vietnam, montre-lui que tu peux le faire.

— Je ne suis pas vietnamienne.

— Aucune importance. Ça s'appelle *La Chinoise* : il n'y a pas de Chinoise. Vous venez à la projection, lundi ? *Deux ou trois choses que je sais d'elle*. C'est le titre. Qu'est-ce que vous pensez de ce titre ? Moi, j'aime bien. Ça parle de prostitution. Un peu comme ça. Mais je ne sais pas quand il sort, bientôt, ça dépend des exploitants, des distributeurs. Vous savez ce que c'est, un exploitant, Annie ? C'est un type qui exploite les films. Et un distributeur, c'est un type qui distribue les films. Il les distribue. Là… là, partout, il distribue sans voir, comme au poker. Et le public ne sait pas non plus ce qu'il va voir, il regarde ce que le grand distributeur lui a distribué. Moi, je suis en train de faire un film qui s'appelle *La Chinoise* pour faire croire au distributeur qu'il y a une Chinoise. Il n'y en a pas. Les gens vont venir voir une Chinoise. Pas de Chinoise. Presque pas de film. Vous venez lundi, à cinq heures ? Salle Ponthieu. Ça vous intéresse la prostitution ?

Anne Wiazemsky arrive, tout le monde s'écarte, s'incline et bourdonne.

— La Chinoise, présente Godard.

Annie s'éloigne à reculons pour ne pas perdre une image du moment qui la rend si malheureuse : Godard qui se fout d'elle, Rassam qui pérore, et cette Anne, avec son nom tellement difficile à prononcer qu'on préfère dire « la petite-fille de Mauriac », elle est là comme si c'était simple, naturel. Eh bien non, hurle Annie en silence, c'est pas naturel, c'est indécent, sa bouche, on dirait qu'elle a gardé son appareil dentaire, elle a douze ans, comment est-ce que Godard a pu prendre cette tête à claques pour son film, pour son lit, pour combien d'années de sa vie ? Comment peut-il voir dans cette poupée une révolutionnaire, une militante ? Il aurait pu prendre une ouvrière, une vraie Chinoise, j'aurais compris. En fait, c'est la bourgeoise des beaux quartiers qui le fait bander. Elle va à la messe, je parie. Faut la voir dans le film de Bresson, comment elle joue faux, et là elle continue, avec sa moue, ses yeux humides, faut qu'elle arrête d'ouvrir la bouche comme un distributeur de sucettes.

— Vous vous ennuyez, Annie ?

— Oh, monsieur de la Chenotière, vous allez bien ?

— Je me fais du souci pour vous, Annie. Qu'est-ce qui ne va pas ?

— Rien. J'ai un peu envie de mourir.

— Allons donc ! Belle comme vous êtes !

Bernard de la Chenotière était le professeur de Jean-Pierre à Sciences Po, le seul à avoir quelque chose dans la tête, d'après lui. Il a été ministre, maintenant il est au Conseil constitutionnel. Il est tellement poli, tellement élégant et délicat qu'il s'est assis à côté d'Annie sans même faire craquer le cuir du canapé. Telle une boule de coton. Avec sa coiffure en brosse, son costume trois pièces et son nœud papillon à motif, ce petit homme de cinquante-cinq ans, tout en rondeur, en douceur, elle sent bien qu'il ne la drague pas, il lui fait la cour, et quand elle sent la main prestigieuse se poser sur son épaule, elle se dit Putain, c'est la première fois de la soirée qu'on me touche. Pourquoi tient-il à ce qu'elle l'appelle Bernard alors que c'est justement ça qui est bien chez lui, c'est un monsieur, un bon monsieur sorti d'une pièce d'Eugène Labiche, un monsieur rigolo, dont personne ne se moque.

— Je vous ai vue en grande conversation avec Jean-Luc Godard. J'ai eu l'impression qu'il n'avait pas envie de vous voir mourir, lui non plus…

— Bof. Il a déjà sa Chinoise.
— Ça ne s'est pas bien passé ?
— Ni bien ni mal. Je ne suis rien, de toute façon.
— Arrêtez ça, Annie, c'est embarrassant. Je crois que vous avez besoin de prendre l'air. Venez.

Elle sent monter une nouvelle crise de larmes. Elle voudrait reprendre ses études, là, tout de suite, appuyer sur le bouton et remonter le temps perdu, passer son bac, s'accrocher à un métier, parce qu'elle ne sera jamais actrice. Jean-Pierre, lui, il est devenu producteur en trois semaines, et elle, en trois ans, rien. A un moment il va se rendre compte qu'elle est incapable, il s'en est déjà rendu compte, évidemment, elle est incapable, c'est tout, pas compliqué, jamais actrice. Et quoi faire d'autre, elle ne sait pas. En tout cas, Bernard a raison, elle ne peut pas rester là, au milieu de ce désastre, il faut qu'elle sorte, qu'elle arrête de pleurer.

Elle prend son manteau de vison, cherche Jean-Pierre du regard, il a disparu, elle sait qu'il la regarde, elle le sent, le devine planqué quelque part, épiant, cherchant le truc qu'il pourra raconter demain pour briller, toujours briller. Elle imagine qu'il est allé voir Bernard : « Rendez-moi service, occupez-vous d'Annie. Moi, je ne sais plus quoi faire. » Si c'est ça qu'il veut, il va l'avoir.

— Vous avez une voiture, Bernard ?

Il a mieux que ça : un chauffeur qui l'attend au coin de la rue et qui les emmène au Palais-Royal.

Annie est de retour rue Saint-Guillaume. C'est Verdun. Des cadavres de chianti, des pelures de mandarines et des mégots écrasés un peu partout, l'odeur des pieds contre celle du tabac froid. Elle en a marre. C'est pas une vie. Dans la chambre de Jean-Pierre, le lit est occupé par deux corps enlacés, inconnus, deux corps qui ne sont pas ceux de Jean-Pierre et elle, ça lui fait tellement mal qu'elle s'arrête de pleurer.

Du tiroir de la table de nuit elle tire sa boîte de somnifères. Elle va dormir chez elle, rue de la Pompe. Dormir. Et se foutre du reste.

La sonnerie du téléphone la tire des limbes. Elle regarde vibrer le bourdon de bakélite, dring, dring, au bout de vingt, trente coups, et au prix de gros efforts, elle tend la main et parvient à décrocher le combiné dans lequel retentit aussitôt le hurlement de Rassam :

— Qu'est-ce que tu fous, bordel ?

— Je suis là.

— Tu viens à la projo ?

— Quelle heure il est ?

— Allez ! Magne-toi. Prends un taxi.

Il raccroche. Elle regarde sa montre : cinq heures, on est lundi, elle a dormi plus de vingt-quatre heures. Elle n'a pas besoin d'enfiler son manteau de fourrure : elle ne l'a pas quitté.

Elle arrive rue de Ponthieu, la projection a commencé, elle se glisse entre les fauteuils, se penchant inutilement sous le faisceau lumineux du projecteur qui éclaire les volutes de fumée des cigarettes et des cigares.

Le film plonge Annie dans un ennui abyssal, et bientôt dans l'angoisse. La voix chuchotée de Godard s'introduit en elle et la mine : « *Puisque je n'arrête pas de me trouver coupable alors que je me sens innocent, puisque j'échoue sans cesse à communiquer, je veux dire à me faire comprendre, à aimer, à me faire aimer, et que chaque échec me fait éprouver ma solitude, puisque...* », Annie essaie de couper court à la panique qui s'empare d'elle, elle résiste de toutes ses forces. A la fin du film, elle arrive à peine à respirer au milieu de tous ces gens qui admirent, commentent, couvrent Godard de compliments, à commencer par Jean-Pierre qui n'a pourtant fait qu'entrer et sortir de la projection, il n'a pas vu le dixième du film.

— La scène avec Raoul, putain ! Prémonitoire. Absolument !

Godard est content, s'empêche de sourire. Il s'enfuit en tenant sa poupée princière par la taille, ils montent à bord de l'Alfa Romeo.

Annie, nauséeuse, a envie de se jeter sous le camion qui arrive. Elle esquisse le geste auquel elle a pensé maintes fois, balcon du sixième étage de Saint-Guillaume, veines coupées dans la baignoire, revolver du grand-père, gaz ouvert dans son petit studio, métro, pont Mirabeau. Devant le camion, comme à chaque fois, les forces lui manquent, elle a froid, elle s'enferme dans son manteau de fourrure, elle veut rentrer.

Rassam lui hèle un taxi. Elle monte dedans, seule :

— Au Palais-Royal, monsieur.

Pendant ce temps, l'Alfa Romeo de Godard fonce à cent trente, cent quarante dans l'avenue Foch, la petite-fille de Mauriac a peur, il ralentit, gare la voiture, l'embrasse, ils s'embrassent longuement. Les flics frappent au carreau et leur demandent leurs papiers. Ils constatent que Mlle Wiazemsky est mineure, ils font la remarque, et ce qui met Godard en rogne, il sort de la voiture et commence à insulter les agents :

— Elle est mineure, oui, et alors, qu'est-ce que ça peut vous foutre, espèces de minables ! Vous savez qui je suis ? Je suis Jean-Luc Godard, je gagne dix fois plus de fric que vous tous réunis, et je bécote des super nanas dans mon Alfa Romeo. Et vous, vous êtes juste des esclaves de cette société pourrie.

— Circulez, monsieur Godard. Ramenez cette jeune fille chez elle.

Cependant, Jean-Pierre, euphorique, a invité sa petite bande à dîner au Singe des Halles où ils retrouvent Anne-Marie et Claude. La soirée commence, les pour, les contre Godard.

Dominique Païni est tellement pour qu'il est pour qu'on soit contre :

— C'est un film qui n'arrête pas de dire « Je vais commencer » et qui ne commence pas, analyse-t-il. Son plan, il est fait avec de l'image, et pas avec du réel, et je trouve que c'est un film terrible de ce point de vue-là, c'est pour ça que, moi, il me tient comme ça (il porte sa main à sa gorge comme s'il étouffait), c'est pour ça qu'il m'embête autant, qu'il m'ennuie autant...

— Tu l'as dit : c'est l'emmerdement maximum ! Et je vais te dire pourquoi, je vais te dire comment ça marche dans la tête de Godard.

— Toi, tu vas nous dire comment ça marche dans la tête de Godard ?

— Oui ! Moi, Jean-Pierre Rassam, je vais te dire comment ça se passe dans la tête de Godard. Jean-Luc est devenu fou. Ravagé par la célébrité, pourri par les mondanités. Son film est désespérant, à pleurer, il ne poursuit qu'une seule idée : ne pas être compris. Parce que c'est le chic suprême ! Et le meilleur moyen de ne pas être compris, c'est de n'y rien comprendre soi-même : compter sur le hasard des rimes et des allitérations pour provoquer chez le spectateur une sorte de compréhension fortuite, miraculeuse, évidemment illusoire. Fuir le sens, et tout ce qui pourrait ressembler à une explication simple, honnête.

— Moi, je comprends très bien ce qu'il veut dire...

— Non ! Tu es hypnotisé, c'est pas pareil.

— Le cinéma c'est une hypnose. A la limite, je m'en fous de comprendre...

— Ben voyons ! Et de son bâton de foudre, le pasteur maléfique annonce à ses enfants cinéphiles qu'ils ne sont pas là pour comprendre. C'est ça, Godard, aujourd'hui ! Il ne vous demande pas de comprendre ses films, encore moins de les apprécier, il vous demande d'adhérer à la secte. Les dévots sont des veaux ! Révoltez-vous contre Godard, merde !

Demain, Rassam soutiendra le contraire. Ça n'a aucune importance. Le pour et le contre sont d'égale valeur. Seule compte sa propre faculté de convaincre. Il aime Godard moins pour ses films que pour la possibilité qu'ils lui offrent de s'engager un jour pour, un jour contre.

A quelques centaines de mètres de là, depuis la cabine de la place de la Comédie-Française, Annie téléphone à Bernard de la Chenotière. Il fait toujours aussi froid, elle attend. L'ancien ministre vient la rejoindre. Ils parlent. Elle veut quelque chose qu'il ne peut pas lui donner. Il la remet dans un taxi. La Chenotière a clairement entendu Annie dire au chauffeur « rue Saint-Guillaume ». Après, on ne sait pas. Elle a dû changer d'avis en cours de route pour finalement regagner son studio de la rue de la Pompe.

Il est six heures du matin quand Jean-Pierre rentre chez lui, rue Saint-Guillaume, il a un pressentiment en découvrant que sa boîte de somnifères a disparu du tiroir de sa table de nuit. A quel moment elle a pris cette boîte ? Est-ce qu'Anne-Marie était là, est-ce qu'elle l'a vue rentrer ?

— Qu'est-ce qui s'est passé ?

— Je ne sais pas.

Ce n'est plus un pressentiment, c'est une crainte. Il prend sa vieille Vespa et file rue de la Pompe.

Après voir défoncé la porte du studio à coups de pied, il découvre le corps d'Annie en travers du lit, il pousse un hurlement à faire trembler les murs. Jean-Pierre replace le corps décemment, tirant la jupe à grosses rayures rouges pour cacher les cuisses grises. Il dégage les cheveux du visage froid et gris lui aussi, visage de noyée.

Il ne pleure pas, il tourne en rond. Il a découvert la feuille coincée dans la machine à écrire. Il n'a pas besoin de lire ces conneries, il les lit quand même et ça le rend furieux, c'est tellement con, mal écrit, il refait le parcours cent fois : la projection du film de Godard, le taxi qui l'emmène au Palais-Royal, est-ce qu'elle a vu Bernard ? Est-ce qu'elle a parlé à Anne-Marie ? Il revoit la bande festoyant au Singe. Quelle conne, quelle méchante fille ! Oui, méchante. Il ne méritait pas d'être envoyé en enfer, car ce ne sont pas les suicidés qui vont en enfer, mais ceux qui restent et que le suicide accuse.

Les pompiers débarquent en hurlant :

— Touchez à rien !

Il les regarde faire, de loin, leur misérable tentative de réanimation, jusqu'à ce que le médecin mette un terme à cette inutile comédie. Puis c'est le tour de la police qui interroge Jean-Pierre.

On reconstitue la scène : elle arrive chez elle, retire son manteau de vison qu'elle pose sur le dossier de la chaise, se sert un grand verre de whisky, un très grand verre, et commence à taper à la machine, avec ses deux doigts.

« Rassam ramasse, Rassam m'harasse, marre de Rassam, le rat râle, sans M, sans amour, je rame loin de Rassam, mon âme m'arrache à cette vie que je ne peux plus vivre. Trop de promesses et rien. Du sable. De l'ennui. Je ne comprends plus rien, ça me débecte... »

A chaque gorgée d'alcool elle avale un cachet.

« Je lègue tous mes livres à la bibliothèque municipale. Et mon vison gris perle à Anne-Marie. A quoi ça sert de vivre une vie malheureuse ? A rien de rien de rien de rien... »

Elle laisse le mot sur la machine, finit le verre de whisky, avale le dernier cachet et s'allonge en travers de son lit, en pleurant doucement, avant de sombrer dans le coma et mourir.

L'inspecteur interroge Jean-Pierre au sujet de ce mot. Il trouve ça bizarre :

— Pourquoi ne l'a-t-elle pas sorti du rouleau pour le signer ?

— Non, c'est pas bizarre, elle faisait toujours comme ça quand elle m'écrivait un mot, elle le laissait sur la machine.

La gentillesse du flic et l'acceptation un peu rapide de la réponse ajoutent à l'atrocité des faits. Aurait-il préféré qu'on l'accuse de meurtre ? Oui. N'importe quoi pour retarder de quelques heures, de quelques jours l'horreur de se retrouver seul.

A midi, Jean-Pierre téléphone à son père pour lui dire qu'Annie est morte. Thomas a une étrange réaction, Hmm hmm, comme s'il le savait déjà.

— Je lui en veux, papa, tu ne peux pas savoir comme je lui en veux. C'est presque au point où je la déteste…

— Tais-toi !

— On va l'enterrer à Montfort-l'Amaury, c'est un très beau cimetière. Mais je ne veux pas que tu viennes, papa.

— Pourquoi ?

— J'ai trop honte.

L'air de dire, Viens, je t'en supplie, papa, au secours.

Rassam constate que le chagrin ne le tue pas. Au contraire, il le domine, il en joue. C'est ce qui explique la banalité de son discours à l'église, lui habituellement imprévisible, original, flamboyant, là, pour une fois, l'émotion vient de l'ordinaire.

Accrochée au bras de Claude, Anne-Marie porte le manteau de fourrure gris perle qu'Annie lui a légué.

Le défilé commence devant les parents de la défunte : ils ne connaissent personne, c'est comme si la vie cachée de leur enfant surgissait, une vie théâtrale avec des acteurs étrangers. La douleur a été si soudaine que les parents n'ont pas eu le temps de chercher une cause, une raison, ni dans les films de Godard, ni dans la société du spectacle, ils se foutent de savoir si Rassam est responsable.

On parle d'effet de réalité, la mort d'Annie produit sur Jean-Pierre un effet contraire. Le vide qu'elle laisse le suspend au-dessus du vide, le fait planer, il ne voit plus les autres à la même hauteur, il interprète le rôle principal d'une fiction.

On l'embrasse, on lui serre les mains, on trouve un mot de compassion mûrement pensé, et parfois on se trompe. Il y a les sobres, les exagérés, les faux indifférents, les noyés de larmes. Bernard de la Chenotière est d'une catégorie encore à part, il y a de la colère et du secret dans ses mots :

— C'est dégueulasse.

Jean-Pierre lève les yeux :

— Quoi, qu'est-ce qui est dégueulasse ?

L'ancien ministre ne lâche rien. Même s'il connaissait la nature de sa responsabilité, il ne la dirait pas.

Thomas est venu, bien sûr, et c'est dans ses bras que Jean-Pierre s'effondre ; le gros manteau paternel est imprégné de l'odeur de la maison de Beyrouth, ce qui n'arrange rien. On dit que ça fait du bien, les larmes, alors allons-y, et Thomas les recueille, serrant son fils comme une éponge.

— Dis-moi ce que je peux faire pour toi, mon garçon.

— Rien, papa. Il n'y a rien à faire.

— Trouve quelque chose. Ne me laisse pas comme ça !

Il secoue l'éponge : allons, fils rebelle, fils insolent, du cran, c'est le moment. Redresse-toi !

— Dis-moi ce que je peux faire. N'importe quoi. Tu veux partir ? Tu veux revenir à Beyrouth ? Dis-moi quelque chose, Jean-Pierre. Tu veux de l'argent ? Tu en auras. Tu auras tout ce que tu veux. Plein d'argent.

— Il n'y a qu'une chose.

— Dis-moi !

— Anne-Marie veut se marier avec Claude.

— Qu'est-ce que tu racontes ? Ta sœur est une grande fille, ce garçon m'a l'air très bien, pourquoi veux-tu que je l'autorise à se marier ? Elle fait ce qu'elle veut.

— Il est juif, papa.

— Il est juif ?

– 9 –

Jean-Pierre reste quelques jours en compagnie des filles de la rue Chabanais, sans arriver à rien, sinon chialer et boire, vomir et reboire ; quand il commence à les accuser de son impuissance et à vouloir les frapper, elles le foutent dehors : Tu t'es trompé de boutique, mon gars.

Anne-Marie le récupère et se charge de le sevrer, à coups de gifles, de douches froides et de soupes de pommes de terre. Rien ne l'apaise comme les souvenirs d'enfance, Beyrouth, la grande maison, les domestiques, la chaleur, la mer, la guerre, est-ce la guerre qui a fait de Jean-Pierre et d'Anne-Marie des enfants terrifiants, agités et bruyants, que personne ne sait comment prendre ? Dans les écoles qu'ils fréquentent, toujours tenues par des curés ou des bonnes sœurs, dans les clubs sportifs où ils sont inscrits, ces enfants gâtés ne laissent derrière eux que des mauvais souvenirs.

Ce sont des malpolis, voilà le plus grave, ils se croient tout permis parce qu'ils sont riches et qu'ils ont du personnel : à bord de la Rolls qui les emmène tous les matins à l'école, et les attend à la sortie, ils balancent sur la plèbe des vilains mots et des grimaces de gnomes.

Ça monte, ça empire. Au début, leur père a pensé que cette liberté développerait leur intelligence. Il constate que ça fabrique des enfants instables, presque caractériels, que leur mère n'arrive pas à tenir, et n'essaie même plus. Il paraît qu'ils terrorisent les enfants du quartier, et à la maison, il faut reconnaître qu'ils sont devenus infects, Thomas en est parfois outré, mais pour le peu de temps qu'il passe à Beyrouth, il ne va pas les corriger, encore moins les punir, il préfère s'amuser avec eux, sans chercher à leur apprendre quoi que ce soit, en tout cas pas la discipline. Et il repart pour Londres, Paris, laissant Virginie désœuvrée.

Il y a encore des soirées chic, mais cette société postcoloniale ne lui inspire que de l'ennui, avec ses parvenus, ses Bédouins enrichis par le pétrole qui se donnent des airs d'aristocrates. Le départ des Français a sonné la fin de l'insouciance, une inquiétude plombe l'atmosphère.

Délaissée par son mari, après des essais dans le rôle de Pénélope intermittente, Virginie trouve bientôt de la distraction dans la compagnie des officiers de marine, américains, norvégiens. Le Sporting Club est un vivier d'amiraux en rut, où elle pêche ses aventures, et boit.

Ses enfants ne l'amusent plus. N'ayant plus aucune autorité sur les garçons, et guère plus sur sa fille, elle confie leur éducation à des femmes qui n'ont d'autre choix que de se laisser martyriser par ces gosses infernaux. C'est sur elles que Jean-Pierre forge ce trait de caractère qui le distinguera de tous ses camarades de classe, au lycée, et à Sciences Po : effronté, insolent.

En famille, quoi qu'il fasse, il gagne l'indulgence, le pardon et finalement l'impunité par des facéties qui stupéfient son père, enchantent sa petite sœur et bouleversent sa mère qui trouve cet enfant merveilleux. Arrivé à l'âge de raison, Jean-Pierre n'a plus une once de raison en lui. Personne ne veut de ce trublion déjà exclu de trois écoles, et qui, malgré ses notes excellentes, pousse ses précepteurs à la démission. Il a rendu folles une demi-douzaine de bonnes. Il faut trouver une solution.

A la suite d'un vol de montre, Thomas prend la mesure du danger que court son fils préféré. S'ajoutent les risques de spécialisation de sa femme dans l'adultère : il voit le moment où Virginie va partir avec un marin de seconde classe, pourquoi pas un docker. Avant que les événements ne lui échappent, il décide de les devancer.

Il prend prétexte des premières bagarres avec les réfugiés palestiniens arrivés à Beyrouth pour sonner le départ.

— Cette région est un volcan qui ne s'éteindra jamais. Nous sommes à la merci d'une explosion, d'un pogrom.

Ce n'est pas seulement la sécurité que Thomas attend de cette installation en France, elle doit rétablir l'ordre et la morale au sein de sa famille. Rien de mieux qu'une institution religieuse de bonne réputation pour redresser les torts de Jean-Pierre. Thomas prend conseil auprès du patriarche orthodoxe de Damas qui lui indique ce qu'il y a de plus sévère, de plus cher en région parisienne : le collège Saint-Martin-de-France, à Pontoise.

Les enfants Rassam débarquent de leur Liban natal. C'est le premier choc de leur vie, Anne-Marie a six ans, Jean-Pierre huit. Ils découvrent un appartement vide et tellement bas de plafond qu'Anne-Marie demande s'il va continuer de s'effondrer sur eux.

C'est à Neuilly qu'ils habitent désormais, au 41, boulevard du Commandant-Charcot. Heureusement, ils sont au cinquième et dernier étage de cette cage à rupins. Anne-Marie préfère rester sur la terrasse. Penchée au-dessus de la rambarde, elle expérimente le vertige en jetant sa poupée dans le vide. Elle la regarde se fracasser cinq étages plus bas et commence à pleurer.

Alors Jean-Pierre court la rechercher. Il lui rapporte la poupée qu'Anne-Marie jette à nouveau dans le vide, et qu'il retourne chercher. Les cinq étages dans un sens, les cinq étages dans l'autre, à pied, car il va plus vite que l'ascenseur.

On ne sait plus combien de fois il a descendu et remonté les cinq étages avec la poupée de sa sœur, mais il est arrivé à la faire rire, enfin.

Le lendemain, Jean-Pierre se retrouve pensionnaire au collège oratorien de Saint-Martin-de-France.

L'école a été fondée en 1929 par l'abbé Duprey, après que l'Oratoire de France avait acheté le château de Saint-Martin et ses soixante-dix hectares de parc qui l'entourent. Les garçons portent un uniforme composé d'un blazer bleu marine et d'une cravate aux couleurs de l'institution, rayée noir et vert. Une chemise blanche, un pantalon gris et des souliers noirs, ou marron.

Le collège s'honore de compter parmi ses élèves rien de moins que François de France, fils cadet du comte de Paris, prétendant au trône. C'est une maison de redressement pour enfants de bonne famille, on y dispense généreusement, à tout instant, sans lassitude, « un flot de lumière immunisant contre l'idéalisme, contre le racisme, contre le socialisme et contre l'orgueil démocratique... » Entre Maurras, Pétain, Dumézil et l'abbé de Nantes, l'esprit de Jean-Pierre se forme d'une certaine manière : dès qu'il rentre à Neuilly le samedi après-midi, souvent amoché, toujours épuisé, de plus en plus dur, cynique et malin, la première chose qu'il fait c'est de se battre avec le voisin.

— Tu n'as rien appris de plus intéressant dans ton école, constate Virginie.

Rien de plus amusant, en tout cas.

Jean-Pierre ne voit pas souvent son père, il le craint et l'admire d'autant plus. Chacun de ses retours est une fête et le grand voyageur est prodigue : bijoux et poupées pour les filles, bicyclettes et bateaux télécommandés pour les garçons, et force argent de poche accompagné du mode d'emploi :

— C'est pour te faire des amis. Pas pour jouer.

Dans la vie de Jean-Pierre, se faire des amis est depuis longtemps un jeu où rien n'est plus jouissif que de les ruiner.

Thomas s'en est déjà retourné défendre les intérêts pétroliers de la France dans les sables d'Arabie. Car si la France a quitté le Liban, elle doit continuer d'y tenir son rang, aucune raison de laisser aux Britanniques et aux Américains ce territoire « où nous sommes chez nous en vertu d'un droit moral qui remonte aux croisades ». C'est en tout cas la tâche qui incombe au « diplomate d'affaires ».

Pendant ce temps, tous les dimanches, après la messe à l'église orthodoxe de la rue Jean-Goujon, Virginie emmène les enfants déjeuner d'un club sandwich au Deauville, son café préféré des Champs-Elysées. Ensuite, ils vont au cinéma.

Les films qu'elle choisit exaspèrent Jean-Pierre par leur lenteur, il devine la fin avant tout le monde et prend un malin plaisir à la chuchoter à l'oreille de sa petite sœur au milieu du film. Ceci fait, il ne tient plus en place et finit par sortir, prétextant un mal de crâne, une allergie, et puis ne prétextant plus rien, décrétant simplement que c'est rasoir.

Ce jour-là, nouvelle purge en perspective, Virginie a choisi *Hamlet*, c'est-à-dire Laurence Olivier dans le rôle du prince du Danemark.

Jean-Pierre bâille, soupire, concocte des bons mots pour l'oreille de sa sœur lorsque soudain apparaît à l'écran le visage de Jean Simmons. L'actrice anglaise interprète une Ophélie complètement givrée qui se promène dans le château en récitant des poèmes absurdes et en se promenant au bord de la rivière, glisse, flotte sur les eaux et finalement s'enfonce parmi les nénuphars. Accident, suicide, Jean-Pierre ne comprend pas bien, c'est autre chose qui l'intéresse, il a reconnu le visage de sa sœur, sans ressemblance pourtant, juste un je ne sais quoi de froideur, de folie dans le regard, une Anne-Marie idéale et réalisée. Sa petite sœur en future femme, en star.

Lorsque la reine annonce au frère d'Ophélie, Laërte, la noyade de sa sœur, une douleur immense, incommensurable, traverse tous les grands frères du monde :

« *Tu n'as que trop d'eau, pauvre Ophélie, je retiendrai donc mes larmes. Et pourtant… (il sanglote) c'est un tic chez nous : la nature garde ses habitudes, quoi qu'en dise la honte. Quand ces pleurs auront coulé, je serai un homme !* »

Jean-Pierre trouve le texte de Shakespeare pas vraiment à la hauteur, ce qui ne l'empêche pas d'apprendre par cœur le rôle du frère endeuillé, et quand il se concentre au-dessus du corps inerte d'Anne-Marie déguisée en Ophélie, puisant dans l'idée de sa mort le chagrin nécessaire, les larmes lui montent, de vraies larmes de théâtre, sincères et bien éclairées, avant de s'effondrer sur le cadavre de son amour.

Maintes fois, Jean-Pierre et Anne-Marie rejouent la scène, elle enveloppée dans le drap blanc, cernée de magnolias blancs qu'il a été cueillir dans le parc, et lui qui l'embrasse sur la bouche pour voir comment ça fait, et pour l'entraîner, elle, à embrasser les autres acteurs sur la bouche, car elle sera actrice, Anne-Marie, qu'est-ce qu'elle peut faire d'autre avec ce visage, cette ressemblance ?

Rassam sort du deuil et des jupes de sa sœur. Il se rase, se parfume, s'habille de neuf et débarque aux Dames Zo où il met le feu :

— On a trois films qui sortent, trois chefs-d'œuvre, on va tout casser !

Le film de Rohmer est programmé pour le 2 mars, celui de Demy sort une semaine plus tard. Rassam veut changer la date de sortie du *Vieil Homme et l'enfant*, son ambition a pris un tour guerrier, il refuse les affiches, refait entièrement la promo de l'un et multiplie le budget de l'autre, il pose son veto sur les ventes à l'Allemagne :

— On ne répond pas, on fait les morts, les boches nous l'achèteront trois fois plus cher après la sortie.

— Les « boches » ?

— Oui, Maggy, fais-moi confiance : je m'en charge.

Il fait régner dans les bureaux de la production un climat insurrectionnel, dresse les uns contre les autres, se fait des ennemis, des courtisans, il est charmant à certains moments, effrayant quand il menace, insulte, traite les gens d'abrutis, de boches, de youpins ou de rosbeefs. Il boit beaucoup. Il noie son chagrin, ça doit être ça. Il ne faut pas contrarier les tristes. Et puis, il est tellement amusant quand il appelle les journalistes ; il leur parle du film de façon étonnante.

— Vous êtes attaché de presse ?

— Je peux même vous sucer la bite si vous me faites un bon papier.

Ça ne fait pas marrer tout le monde, mais tous s'en souviennent.

Il tient à ce que le film de Berri ait de grandes salles, plus grandes que prévu et mieux placées. Il menace de changer de distributeur s'il n'obtient pas plus de fric pour la promotion. Ça n'est pas gagné.

Rassam a une idée pour convaincre les exploitants de province : leur montrer le film avec du public. Et quelques journalistes triés sur le volet : des types près du peuple, « pas des coincés du cul ». Samuel Lachize, par exemple :

— Les communistes font encore peur.

Il trouve la salle, un matin, sur les grands boulevards. Pas loin du siège de *L'Huma*. Et ça marche, les gens se marrent, applaudissent.

— Vous les avez payés, Jean-Pierre ?

— Demandez-leur.

— Bon, c'est d'accord. Deux salles sur les Champs-Elysées. Pas de minimum garanti.

— Ça nous arrange.

C'est un triomphe, un vrai, que la France réserve au *Vieil Homme et l'enfant*. On n'a pas vu ça depuis *La Grande Vadrouille*.

Le lendemain de la sortie du film, Claude Berri est invité par Serge Lentz dans son émission, « Permis la nuit », en direct, qui se présente comme une soirée entre amis, Pierre Doris, Bernadette Lafont, Jacques Perrin, Jean-Jacques Debout, c'est décontracté, intime, on parle un verre à la main, on félicite Berri pour son succès, et on passe aux choses sérieuses :

— *Vous avez connu ce personnage qui est joué dans le film par Michel Simon ?*

— *Oui, oui, je l'ai vu il y a trois semaines, il a 86 ans, il se porte bien, je l'aimais beaucoup...*

— *Comme je le disais tout à l'heure, ce film est l'histoire d'un enfant juif caché dans une famille à la campagne dont le personnage principal est profondément antisémite et ne sait pas que cet enfant est juif. L'histoire s'est passée comme ça pour vous ?*

— *L'histoire s'est passée comme ça pour moi. Il paraît qu'il le savait.*

— *C'est ça, il paraît maintenant qu'il le savait.*

Les invités rient, tout le monde est d'accord : le vieil homme ne doit pas être fier d'avoir été antisémite. Berri se tait avec un sourire forcé.

Trois jours plus tard, il est de nouveau invité à la télé, aux « Dossiers de l'écran », le thème du jour : l'intolérance. Yves Montand et quelques spécialistes de la question en débattront après la projection du film de Raymond Rouleau, *Les Sorcières de Salem.*

Berri devient le représentant officiel des enfants juifs pendant la guerre. Son film est décrété « emblématique ». Les salles ne désemplissent pas.

Quinze jours plus tard, la télé, qui a décidément trouvé un bon client, diffuse un portrait de Claude Berri. C'est François Chalais qui est à la manœuvre. On filme chez lui, là où il habite avec sa mère, rue du Faubourg-Poissonnière. Beila se laisse complaisamment filmer en train de travailler à un manteau noir qu'elle accroche à un mannequin. Berri raconte à François Chalais qu'il a été fourreur dans sa jeunesse, il a fabriqué des centaines de manteaux en queue de vison.

— *Mon père rêvait de m'associer à son métier et de monter avec moi une grande entreprise pour devenir les rois de la fourrure. Et quinze ans plus tard, s'il n'était pas mort, on serait les rois du cinéma.*

Difficile de dire combien de personnes ont regardé cette émission. Un grand nombre, car si tous les Français n'ont pas encore la télévision à cette époque, tous ceux qui l'ont la regardent et n'ont le choix qu'entre deux chaînes.

Qui, parmi ces millions de téléspectateurs, ne serait pas acquis à la cause du petit enfant juif ?

Un seul, son vieux copain Maurice.

Pialat habite toujours dans son deux-pièces, à La Celle-Saint-Cloud, chez sa femme Micheline où il s'est réfugié après sa rupture avec Colette.

Malgré l'exaspération qu'elles lui causent, il regarde toutes les émissions de cinéma, même celles de Pierre Tchernia. Il ne va pas rater ce portrait de son ex-grand copain, devenu son presque beau-frère.

François Chalais rappelle que Berri a obtenu l'Oscar à Hollywood avec son court-métrage *Le Poulet.*

— On va finir par le savoir, marmonne Pialat.

On passe alors un extrait du film, l'incontournable scène de séparation de la mère et de l'enfant sur le quai de la gare :

— *Après la guerre, maman, je m'appellerai encore Langmann ?*

— *Oui, mon chéri !*

Pialat a refusé d'aller voir le film en salle, maintenant il comprend pourquoi. Tout ce qu'il craignait est là. Le mélo, le démagogique, le plaintif, il trouve ça insupportable. C'est alors qu'il entend François Chalais demander à Berri :

— *Ça signifie quoi pour vous d'être juif ?*

Pialat se tend, reste en apnée pendant la longue inspiration de Berri, qui finit par répondre :

— *Je suis juif, je ne me retourne pas la nuit dans mon lit en me disant : Je suis juif, quel est le problème ou quoi. Non ! Ce n'est pas du tout un problème ; je ne trouve pas que ce soit un avantage ni un inconvénient, je suis juif, c'est tout ce que ça signifie. Je suis né faubourg Saint-Denis, je suis juif, mon père était comme ça, ma mère est comme ça, il m'arrive d'avoir un Oscar, je veux épouser Anne-Marie, je suis juif...*

— Tu entends ça, Arlette ! Il annonce son mariage à la télé, il est devenu fou, ça y est, il se prend pour Johnny Hallyday. Allez, vas-y, ne te gêne pas, dis-nous tout, raconte-nous qui c'est, cette Anne-Marie. Dis-le que c'est la fille d'un milliardaire libanais, ça manque à la révélation. Monsieur le grand cinéaste est amoureux, très bien, amoureux de quoi, dis-le, quelle honte il y a ? Tu es amoureux du fric. Explique-nous qu'il faut du fric pour faire du cinéma et raconte comment tu l'as trouvé, comment il a réussi à le faire, son film de merde ! Ton film « à la fois drôle et touchant » ! Ah, « touchant », c'est le mot : touchant beaucoup de public, touchant beaucoup d'argent... les gens ne se rendent pas compte que ce film est une saloperie. Et toi, tu voulais m'emmener voir ce film « très touchant » ! Pas besoin de dépenser dix balles pour ça. On n'arrête pas de le voir à la télé, un petit morceau par-ci, un petit morceau par-là, ils ne font que ça : passer des extraits du *Vieil Homme et l'enfant* ! C'est l'hymne national ! La purge patriotique ! Je voudrais bien savoir, quand même, à quoi elle ressemble, sa greluche. Et le frangin libanais... Je vois ça d'ici... Gras, huileux comme un Libanais, vulgaire...

— Tu ferais mieux de te taire, Maurice ! Dans le genre vulgaire...

— Tu sais ce que ce film lui a rapporté depuis un mois ?

— Je m'en fiche.

— Trois cent mille entrées ! Multiplié par trois francs, divisé par deux pour la part distributeur, plus le fonds de soutien...

Il lui en veut, à Claude comme aux autres, tous ceux de la Nouvelle Vague, plus jeunes que lui et déjà au zénith, il en veut à Godard l'usurpateur, à ce vieux curé de Rohmer, à Chabrol qui fait deux merdes par an. Truffaut, il préfère ne pas en parler. Il leur en veut parce qu'il sait qu'il a plus de talent qu'eux, alors qu'il a déjà quarante ans, un peu plus, et toujours pas fait de film, de grands films, juste des petits films, il manque de moyens, de relations pour avoir les moyens, de moyens pour avoir le temps d'écrire, de patience pour se faire des relations, il n'a qu'Arlette, petite vengeance secrète, charnelle, il s'acharne sur elle de toutes les manières, en la trompant et en la frappant, aussi, lorsque soudain il ne voit plus en elle que la sœur de Claude qui fait maintenant partie de cette caste de chanceux qu'il voudrait tant détruire, ou dominer, ou séduire.

Cette rancœur qui le ronge et le rend odieux, c'est aussi son meilleur atout auprès de ses femmes qui n'aiment rien tant que cet état de révolte, d'échec et de malheur ; l'apaiser constitue leur mission.

Arlette rêve d'une réconciliation entre Maurice et son frère, à l'occasion du mariage :

— Tu pourrais rencontrer Rassam, le producteur. Un producteur ça peut toujours servir, non ?

— Serrer la main de ce connard ? Jamais !

Un aigle dévore le foie de Pialat. Au fond de son supplice, l'orgueil lui ordonne de faire un film. Ne serait-ce que pour leur montrer, au moins une fois, ce qu'est le cinéma, le vrai. Et leur faire honte. Mais à quoi bon ? C'est trop tard. Il ne sera jamais Jean Vigo, jamais Van Gogh. Alors il retourne sa rage contre Arlette :

— T'as l'air de déjà bien le connaître, ce producteur libanais. Qu'est-ce qu'il a de si extraordinaire ? Tu as couché avec lui ?

— T'es trop con.

D'abord à La Coupole, puis chez Castel, Claude partage avec ses amis la joie de son dernier passage à la télévision. Quel coup de pub ! En maître des festivités, Rassam, que tous prennent désormais pour le producteur du film, annonce les résultats des entrées. Ils en sont à cinq cent mille. Et il n'y a pas de raison que ça s'arrête.

Il s'est mis dans la tête d'envoyer *Le Vieil Homme* au festival de Cannes, dans la sélection officielle, il mobilise pour ça toutes ses relations, de coucheries, de poker, de faculté, tous ceux qu'il a un jour traînés dans la boue deviennent, on ne sait par quel miracle, ses obligés. Entre Beyrouth et Londres, Sciences Po et le Quai d'Orsay, via Paris et la rue Chabanais, il a tissé un réseau de hauts fonctionnaires, partouzards et friqués, acoquinés à des hommes d'affaires et à des diplomates qui se doivent tous de fières chandelles. Et ça continue. Il demande à Mag Bodard d'appeler Lazareff pour qu'il intervienne auprès du comité de sélection du festival, il ordonne à Bernard de la Chenotière d'en parler au général de Gaulle, et finalement, sentant la chose perdue, il suggère à Berri de faire intervenir le grand rabbin.

Claude ne sait pas comment prendre la chose.

Rassam parvient à obtenir le numéro de téléphone du directeur du Centre du cinéma, il l'appelle à cinq heures du matin, depuis le comptoir du Singe :

— Si le film ne va pas à Cannes, je vous fous une bombe. Et ce ne sont pas des paroles en l'air. Vous savez qui je suis.

Maintenant il sait : un fou dangereux. Et rien n'y fait. Malgré ce lobbying à la kalachnikov, *Le Vieil Homme et l'enfant* n'est pas sélectionné pour le festival de Cannes.

Rassam dénonce une magouille, un complot antisémite, l'archaïsme congénital des petits chefs de la culture :

— C'est à cause de connards comme ça que le cinéma français va crever. Dès qu'il y a un sujet actuel, important, il est censuré. Censure politique, censure économique parce que le film aurait été vendu partout s'il était allé à Cannes, il aurait eu la Palme à coup sûr.

Il organise une pétition, là, chez Castel, il passe d'une table à l'autre pour la faire signer.

Moins marrant : annoncer la mauvaise nouvelle à son père, alors qu'il l'avait assuré du succès de son entreprise de lobbying.

— On s'en fout, le film continue de marcher. On va dépasser les trois millions d'entrées ! Tes dix petites briques ont fait des petits !

Ça fait très plaisir à Thomas, même si ces chiffres lui semblent dérisoires au regard des pétrodollars qu'il fait circuler entre l'Irak, la France, l'Egypte et le Liban.

— Est-ce qu'on peut vraiment gagner de l'argent dans le cinéma, Jean-Pierre, est-ce qu'on peut vraiment faire fortune ?

— Le cinéma ne sert pas à ça.

— A quoi il sert ?

— A faire des films, papa.

— Des films. Oui… Je comprends.

— Tu n'as pas l'air. Qu'est-ce qu'il y a ? Ça ne va pas ?

— Tout va bien, mon garçon. Mais on a des soucis, dans la région.

— Comme toujours.

— Non. Là, ça devient compliqué avec cet abruti de Nasser qui veut faire la guerre aux Juifs. Ça n'est pas bon pour les affaires, crois-moi.

— T'inquiète, il ne le fera jamais, ça serait la guerre mondiale, il n'est pas fou…

— Dieu t'entende.

— Il y a une autre bonne nouvelle, papa. Anne-Marie est enceinte.

Silence à l'autre bout du fil. Sentence du père :

— Elle doit se marier.

— C'est aussi ce que je pense.

— Tout de suite.

— Je vais lui dire, papa, elle sera contente.

Que *Le Vieil Homme et l'enfant* n'ait pas été pris dans la sélection officielle n'empêche pas le film de descendre à Cannes, et en grande pompe.

Michel Simon débarque sur la Croisette en super star, « le meilleur acteur du monde » reçoit une médaille d'or des mains de Brigitte Bardot. Il pose en compagnie de l'enfant, réquisitionné pour l'occasion. On ne parle que du film, Rassam alimente le scandale que constitue l'absence du film dans la sélection, on débat sur l'antisémitisme et le passé enfoui de la France collaborationniste, on déterre les cadavres dans une ambiance de fête rédemptrice.

Au bar du Martinez, Rassam entame sa carrière de bateleur international :

— On passe la barre du million d'entrées, c'est phénoménal, c'est planétaire ! Et les vieux croûtons de la sélection passent à côté d'un chef-d'œuvre, ils sont discrédités, complètement coupés du public, le vrai, pas celui des petits fonctionnaires de la culture.

Lui, il est plein de projets de films révolutionnaires. Entre le bar et la terrasse, il en accumule pour cent ans. Le plus excitant étant le film que Godard lui a promis : après le Vietnam, la Palestine.

Ils sont venus voir le dernier film de Buñuel, *Belle de jour*, avec l'inévitable Deneuve ; en bons rats de cinémathèque, ils ont pris place au premier rang : entre Claude et Jean-Pierre, Anne-Marie avec son manteau de vison gris perle sur les épaules. Après les réclames de Jean Mineur, arrivent « Les Actualités filmées », épisode du jour : « La guerre des Six-Jours » avec des images d'avions bombardant les colonnes de blindés dans le désert :

« Le 5 juin à l'aube, les avions israéliens foncent sur les objectifs militaires d'Egypte, de Syrie et de Jordanie. Du même coup s'évanouit tout espoir de règlement pacifique de la tension qui règne depuis plusieurs semaines au Proche-Orient. Agression caractérisée, disent les Arabes. Riposte préventive, rétorquent les Israéliens... »

Jean-Pierre se penche à l'oreille de sa sœur :

— Demande à Claude ce que c'est une « riposte préventive ».

« En trois heures, l'aviation arabe sera anéantie... »

— Jean-Pierre te demande si tu sais ce que c'est une « riposte préventive ».

Claude ne répond pas.

« Pour venir à bout de la résistance des éléments jordaniens, il faudra malheureusement livrer des combats acharnés dans la vieille ville de Jérusalem. Après 48 heures de lutte, la ville arabe tombera. Deux mille années de dispersion se trouvent miraculeusement effacées. Et le Mur des lamentations, où le général Dayan et les membres du gouvernement sont venus immédiatement en pèlerinage, est devenu pour les Israéliens le mur de la joie. »

Ils se regardent, accablés par cette « joie », le film de Buñuel commence.

A la sortie, ils vont boire un verre à l'Odéon. La victoire d'Israël, c'est une chose que les Arabes auraient pu admettre, pas cette débandade, en six jours, trois millions de Juifs mettant au pas cent cinquante millions d'Arabes, il fallait « cet abruti de Nasser » pour souffrir une telle humiliation. De Rabat à Mossoul, pas un Arabe, chrétien ou musulman, chiite ou sunnite, qui ne ressente au fond de son amertume un puissant désir de vengeance. Et la question que se posent Anne-Marie et Jean-Pierre après ces images écœurantes, c'est de savoir s'ils sont arabes, et de quel côté de la guerre leur cœur penche. Claude se pose la même question à propos du Mur des lamentations devenu « le mur de la joie » : la joie de qui ? Est-ce qu'il est juif ? Cette question à laquelle il semblait si simple de répondre et à laquelle il répondait avec tant d'assurance à la télévision française, elle se complique : est-ce qu'il est joyeux ?

Ils se disent : Bon, ça va, on ne va pas refaire l'histoire, essayer de savoir qui a raison, de quel côté sont les salauds, ils sont partout, c'est la faute aux grandes puissances internationales, les peuples toujours écrasés, victimes, alors que nous sommes tous des frères, n'est-ce pas ? Nous devons sortir plus forts de cette épreuve, je propose d'éviter le sujet, et ainsi, à notre manière, faire œuvre de paix, le mariage comme une première petite pierre de la réconciliation entre les peuples. D'accord ? On est avant tout des artistes, des révolutionnaires, notre patrie c'est le cinéma, Paris, l'amour libre. L'important c'est le film de Buñuel : doit-on se révolter contre les *Cahiers du cinéma* qui en ont dit tant de mal ?

– 10 –

Debout au fond de la salle pleine à craquer, Pialat a assisté à la cérémonie. Il a écouté le discours du maire à la fin duquel il n'a pas pu s'empêcher de lâcher un tonitruant « Vive le roi » qui n'a pas fait rire tout le monde.

Claude Langmann ici présent a dit oui à mademoiselle Anne-Marie Rassam ici présente. Ils se sont embrassés sous les applaudissements, la cohue générale les a avalés, Pialat a attendu qu'une ouverture se présente pour foncer sur eux :

— Félicitations, Claude ! Je te souhaite tout le bonheur possible.

Claude est alors obligé de présenter son ami Maurice à sa récente épouse.

— Maurice Pialat, un ami qui fait des films documentaires.

— Avec des acteurs non professionnels.

— Claude m'a souvent parlé de vous.

— Pour son plus grand malheur, je suis un peu partout dans sa biographie. Nous avons même fait un film ensemble. Mais je n'ai pas son talent pour trouver des sujets aussi poignants. Je n'ai pas autant souffert, ça doit être ça. Quel beau mariage ! Vous êtes magnifiques. Beila est contente ? La différence d'âge ne lui a pas posé de problème ?

— Arrête, Maurice, ce n'est pas le moment.

— Elle a raison, maman : dix ans, c'est raisonnable. Ce n'est pas comme vingt ans…

— Qu'est-ce que tu es venu faire ici, Maurice ?

— Tu le sais bien : foutre la merde, comme d'habitude. C'est Arlette qui m'a poussé. Pratiquement invité. Tu ne l'as pas vue ? Ça fait une semaine qu'elle a disparu. Arlette s'émancipe. Avec l'âge. L'âge… La différence d'âge…

— Va-t'en, je t'en prie.

C'est alors que Rassam rapplique avec des fausses moustaches et des lunettes de soleil. Il est recherché par la police ; ne s'étant pas présenté pour son incorporation, il est considéré comme déserteur. Il vient d'ailleurs d'échapper à une arrestation, les flics ont débarqué chez sa mère, ça l'amuse beaucoup cette vie de clandestin, pleine de sensations nouvelles, ça lui rappelle la Résistance. Malheureusement, ses amis se sont tout de suite mobilisés, Bernard de la Chenotière est en train de le sortir de ce mauvais pas.

— C'est donc vous, le fameux Rassam ? Le sauveur ! Le financier ! L'ange gardien. L'homme qui a beaucoup d'argent.

— Si vous n'aimez pas les riches, faut pas rester là.

— Au contraire ! Je les adore. J'en suis fou ! Je préfère leur compagnie à celle des pauvres qui transpirent un peu. Non ?

— Bravo oui !

— Si je suis de trop… Si ma présence vous dérange… Si je suis le bouc…

Rassam, très amusé, se tourne vers sa sœur :

— Cet homme est charmant. Il ne sent pas mauvais du tout. Il reste. D'ailleurs nous avons beaucoup aimé votre film. Nous aimons le talent, presque autant que l'argent.

— Vous avez vu mon film ? Lequel ?

— *L'amour…* quelque chose.

— *Existe.*

— Très beau.

— Vous trouvez ? Pourtant l'amour n'existe pas.

Pialat voit Anne-Marie sourire à sa plaisanterie cynique. Ce con de Berri épouse une fille merveilleuse, il se dit.

— Vous êtes sur un projet, en ce moment ? lui demande Rassam.

— Payer mon loyer.

— Et pour le cinéma ?

— Fini. Je suis trop vieux. On n'aime que les jeunes, aujourd'hui. Les jeunes chanteurs, les jeunes écrivains, les jeunes cinéastes. Les jeunes producteurs. Comme vous. C'est comme ça, non ?

— Les vieux résistent.

— Si peu. Si mal.

— Arlette m'a parlé d'un film avec des enfants.

— Elle parle beaucoup, Arlette… Mais ça n'a rien à voir avec votre histoire d'enfant juif caché pendant la guerre. L'enfant auquel je pense, il balance des chats du cinquième étage. Il n'est pas en danger, c'est lui le danger.

— Ça m'intéresse.

— Oui, bien sûr, comme ça, dans l'idée, c'est intéressant, mais c'est infaisable, je ne sais pas pourquoi Arlette vous en a parlé. C'est idiot. Il y a des films qu'on ne peut pas faire, dans le climat actuel. Le mien en fait partie, et c'est très bien comme ça, d'ailleurs.

— C'est quoi, le climat actuel ?

— Celui des enfants adorables qui font la joie des spectateurs et la fortune des producteurs. Je ne suis pas du tout là-dedans.

— Vous êtes dans quoi ?

— Dans les enfants qui n'en sont pas, qu'on place chez des parents qui n'en sont pas. Ça fait des familles qui n'en sont pas non plus. Des familles d'accueil, on appelle ça. Pas de gentillesse, ni d'un côté ni de l'autre. De la sauvagerie. De la tendresse, un peu, par bouffées, comme ça, parce que les vieux veulent des enfants pour leur tenir compagnie, et les enfants veulent des parents pour les nourrir. De la tendresse primitive, pas de l'amour. L'amour n'existe pas. Mais comme je ne peux pas appeler tous mes films *L'amour n'existe pas*, je voudrais appeler celui-là *L'Enfance nue*. Si j'arrive à le faire.

— Vous pourriez commencer quand ?

— Commencer quoi ?

— Le tournage. Il faut faire vite parce que dès l'année prochaine, Claude va avoir besoin de produire des films avec les recettes du *Vieil Homme.*

— « Les recettes du *Vieil homme* », j'aime beaucoup la formule. Mais vous savez que je ne suis pas en très bons termes avec lui. Il voulait me casser la figure, il n'y a pas cinq minutes. Claude me reproche de lui avoir piqué sa sœur. Alors que, si j'ai bien compris, il vient de vous piquer la vôtre.

— Claude vous reproche surtout d'avoir plus de talent que lui.

— Ben dites donc, c'est pas très gentil pour votre beau-frère, ça. Je ne le répéterai pas. Vous savez ce que c'est, vous, le talent ?

— Quelque chose qu'on ne pardonne pas.

— Hum hum.

— Donnez-moi une seule raison de ne pas faire ce film.

— Elle. C'est elle, la raison. Reste là, Arlette ! Non, vous voyez elle s'en va. Elle va retrouver son frère. Le grand cinéaste. L'heureux marié. Celui qui m'empêchera par tous les moyens de faire ce film. Pour la raison que vous avez dite. Arlette est une fille très intelligente, elle est même très douée, elle pourrait être écrivain, si elle voulait. Le problème, c'est qu'elle tombe amoureuse de tout ce qui bouge. J'imagine qu'elle vous a déjà fait des avances ?

— Non.

— Ça va venir. Elle est comme ça. Tout le contraire de votre sœur, qui me semble une jeune fille très sérieuse. Et gracieuse.

— Restez avec nous pour le banquet.

— Il va vous en vouloir.

— Je m'en charge. Vous savez ce que c'était, ici, avant ?

— Je sens que vous allez me le dire.

— L'hôtel d'Augny fut le siège du Club des Etrangers, le plus célèbre cercle de jeu de Paris avant la Révolution. Ce qui veut dire qu'on vient de célébrer le mariage de ma petite sœur dans l'ancienne salle de la roulette.

Rassam essaie de passer son bras autour des épaules de Pialat, mais celui-ci est trop grand.

— Vous avez besoin de quoi, Maurice, pour ce scénario ?

— D'être tranquille. Et d'Arlette.

— Pourquoi Arlette ?

— Pour l'écrire.

— Vous avez qui comme vedettes ?

— C'est un film sans vedette, répond Berri aux distributeurs, aux coproducteurs, aux exploitants.

La vedette, c'est lui : on l'invite à tous les débats, pas uniquement sur « la question juive », il est tout aussi incontournable sur la question du jeune cinéma français, on l'entend à la radio, on le voit à la télé où il étale sa modestie, son bon sens, sa légitimité. Il n'a donc pas besoin d'autres vedettes pour son film.

Il se lance tête baissée dans ce projet qui est censé incarner son bonheur et dont le titre dit tout : *Le Mariage.*

Le succès du *Vieil Homme* les a soudés à jamais, Anne-Marie, Jean-Pierre et Claude, au point que certains les imaginent dans « une histoire à trois », ce qui est un peu exagéré, pas complètement faux, parce qu'ils ne se quittent plus. Même si, par moments, quand Rassam parle en arabe avec sa sœur, Claude a l'impression que des choses essentielles lui échappent. Et puis le frère et la sœur n'arrêtent pas de se toucher, de se câliner. Les Libanais sont comme ça, lui expliquent-ils, n'empêche, il y a trop de complicité entre eux pour que la jalousie ne germe pas à un moment ou à un autre. Et quand il a déclaré en direct à la télé « *Je veux épouser Anne-Marie, je suis juif* », c'était comme une incantation, afin que ce mariage soit définitif et chasse ce malaise, ce doute.

Il aurait voulu en faire un film, de ce mariage, du vrai cinéma-vérité : un film dans lequel il aurait joué son propre rôle, celui d'un acteur oublié prenant sa revanche. Il veut montrer au monde quel grand comédien il est, et pas seulement ça, derrière sa modestie affichée, il veut compter dans l'histoire du cinéma :

— Je fonde un courant qui s'inscrit dans une tradition littéraire française, de Montaigne à Sartre en passant par Rousseau, Proust.

Claude Berri, précurseur du cinéma autobiographique. On peut dire ça. Godard n'a qu'à bien se tenir, parce qu'il peut en faire lui aussi, des phrases :

— L'introspection et le récit de soi, c'est ce qui a sauvé notre littérature du raz-de-marée anglo-saxon et du cyclone sud-américain, et moi je vais faire la même chose dans le cinéma. Le récit de soi va redonner au cinéma français ses titres de noblesse. En mettant en scène mon propre mariage, où je jouerai mon propre rôle, en poussant l'expérimentation jusqu'à engager ma propre famille, je fais éclater les barrières. Comme Lelouch, mais en mieux.

Premier accroc au formidable projet, sa mère refuse d'apparaître dans son film. Beila Langmann se méfie du bonheur depuis toujours, ça cache trop souvent une catastrophe. Et puis elle a un problème avec *Le Vieil Homme et l'enfant*, elle ne l'aime pas beaucoup, enfin si, elle l'aime beaucoup, mais il y a quand même des choses qui l'ont gênée, par rapport aux gens, aux Juifs, elle a eu peur que ça cause des ennuis à Claude, à la fin :

— Il y a des choses que tu n'aurais pas dû dire. Il est tellement exagéré, ce Michel Simon...

— Ça fait marrer tout le monde, maman !

— Pas moi.

— Pourquoi ?

— Tu n'as pas connu ça, toi. Tu ne peux pas comprendre.

— Qu'est-ce que je ne peux pas comprendre ?

Anne-Marie non plus n'a pas voulu faire l'actrice, ce n'est pas son métier, elle a eu peur d'être mauvaise.

Du coup, il s'est marié sans en avoir fait un film et ça lui manque, alors il revient à son idée de départ : un scénario classique, avec des scènes écrites et des dialogues.

– 11 –

Jean-Pierre Rassam a tout prévu pour que le 21e festival de Cannes soit une fête, la sienne, et celle de Milos Forman à qui il n'a rien promis d'autre que la Palme pour son film, *Au feu les pompiers.*

Rassam a rencontré Forman en janvier. Le réalisateur tchèque avait des problèmes avec son film, coproduit par le gouvernement tchèque et Carlo Ponti, qui avait mis 80 000 dollars. Quand Ponti a vu le film, il l'a tellement détesté qu'il a demandé au gouvernement tchèque de lui rendre son argent. C'est alors que le gouvernement tchèque s'est retourné contre Forman, le menaçant de porter l'affaire devant les tribunaux où il serait jugé pour sabotage économique, délit passible de dix ans de prison. Alertés par l'affaire, Truffaut et Berri demandent à voir le film, l'adorent, remboursent les 80 000 dollars de Carlo Ponti et deviennent propriétaires des droits d'exploitation du film pour le monde.

Rassam se passionne pour ce film maudit qu'il n'a pas pris la peine de regarder, il a tout de suite senti le profit qu'il pouvait en tirer :

— L'année dernière, avec le *Vieil Homme*, on a créé la dette. Là, si Forman n'est pas primé à Cannes, c'est une insulte à la liberté, au Printemps de Prague. Je vais leur faire comprendre qu'ils ne jugent pas un film : ils passent au tribunal de l'Histoire. Cinquante ans de stalinisme les regardent. Et si ça ne marche pas avec ça, j'ai d'autres arguments, ne vous en faites pas.

Le comité de sélection se laisse convaincre : le film de Forman représente la Tchécoslovaquie au festival de Cannes. Rassam entre sans plus attendre en campagne pour que « le plus grand cinéaste tchèque » obtienne la Palme d'or. Il tisse sa toile depuis Paris et le jeudi 9 mai, il part pour Cannes, avec Forman et tous ceux qui peuvent rentrer dans la voiture de Berri.

Cependant, la France est très excitée par ce qui s'est passé dans la nuit, les étudiants expulsés de la Sorbonne ont dressé des barricades dans les rues du Quartier latin. Jean-Pierre a suivi le spectacle du haut du balcon de son appartement de la rue Saint-Guillaume : ces fils à papa de Sciences Po appelant à la grève générale, il a trouvé ça cocasse. N'empêche que ça serait chouette, une grève générale ! On en discute dans la voiture. Jean-Pierre a l'art d'imposer son point de vue : si un vent de révolte doit vraiment se lever, ça ne pourra qu'être favorable au film le plus révolutionnaire de la sélection, le censuré, l'héroïque représentant du Printemps de Prague. Il n'en sera que plus actuel, important, incontournable. Voilà sa théorie et tous la partagent, unanimement d'accord pour aller fêter ça chez Paul Bocuse, juste avant Lyon, c'est le meilleur cuisinier du monde, la halte idéale.

— Il vaut mieux fêter la Palme d'or avant de l'avoir, calcule Rassam, après, il y aura trop de monde.

C'est lui qui paye, en liquide. Il est passé voir Georges avant de partir.

Ils arrivent sur la Croisette un peu pompette. Jean-Pierre a loué un yacht sur lequel il compte organiser les plus belles fêtes en compagnie des plus belles filles de Madame Claude. Il les a essayées avant. Jean-Pierre a noué des relations étroites avec Catherine V., la grande maquerelle, qui lui propose ses meilleures filles, de vrais amours : elles aiment le cinéma et seraient prêtes à en faire si on les poussait. Il explique :

— Ce qui différencie une fille gentille d'une pute, c'est la petite gêne qu'éprouve l'honnête homme au moment de les payer. Payer pour l'amour c'est désagréable, dès lors que c'est gratuit, offert par la maison, ça n'a plus le même sens, c'est libertin, c'est la fête, la rencontre devient merveilleuse.

Parmi les membres du jury : Orson Welles, Louis Malle, Monica Vitti, Roman Polanski… il ne s'agit pas de les corrompre directement, même si, plus tard, Rassam prétendra avoir mis un flingue sur la tempe d'Untel ou Untel, ce n'est pas comme ça que ça se passe, sinon tous les gangsters auraient la Palme d'or. Tout l'art consiste à créer un climat, un courant, un souffle, c'est météorologique. Pour ça, il y a les journalistes, les financiers, le sous-préfet, tous lobbyistes malgré eux que Rassam va traiter habilement, généreusement.

Dès l'ouverture du festival, le vendredi 10 mai, une pétition est lancée par quelques cinéastes qui demandent son annulation. Appel qui passe à peu près inaperçu.

— Des frustrés, s'amuse Rassam sur le pont de son yacht.

Tout bascule pendant le week-end, avec cette mémorable nuit d'émeutes au Quartier latin.

Le lendemain, rue Gay-Lussac où ont eu lieu les plus sévères affrontements, au milieu des voitures brûlées et des restes de barricades, les gens discutent par petits groupes, Pialat les écoute, il passe de l'un à l'autre à la recherche d'une conversation intéressante, il n'en trouve pas à son goût, c'est alors qu'il fait remarquer à Arlette cette chose étrange : pendant que les citoyens français de tous bords discutent pour savoir s'il faut prendre les armes et comment, les terrassiers arabes, pour la plupart immigrés, repavent la chaussée qui sera dépavée le soir même par les étudiants.

Au gouvernement, on n'arrive pas encore à comprendre ce qui se passe. Un petit groupe d'enragés, analyse Pompidou.

A Cannes, en revanche on a tout compris : la révolution est en marche, et il faut agir, choisir son camp. Le critique de cinéma du *Nouvel Observateur*, Jean-Louis Bory, manifeste sur la Croisette en compagnie de quelques copains et copines pour exiger l'annulation du festival.

Rassam ne veut pas croire à ce sabordage, c'est trop bête. Il a acheté la moitié du jury en vue de cette Palme d'or qui doit lancer la carrière de Forman, et la sienne. Le soir, il assiste à la projection d'*Anna Karénine* qui représente l'URSS, et quand les lumières se rallument, il découvre le jury en larmes, il comprend que ça ne va pas être si simple pour le film de Forman.

Le 15 mai, l'Idhec est occupée par les étudiants en cinéma. Les *Cahiers du cinéma* fondent un comité d'action. Les tournages sont bloqués dans tous les studios.

Le 18 au matin, Godard débarque sur la Croisette pour annoncer que « l'Assemblée constituante du cinéma français », forte de ses mille professionnels, demande à leurs camarades présents à Cannes de boycotter le festival.

Avec le mélange d'engagement révolutionnaire désespéré et la distance humoristique qu'il convient de prendre vis-à-vis de tout mouvement de masse par essence vulgaire, Godard trouve les mots justes : « Nous avons conquis de haute lutte en trente secondes le Palais du festival et nous n'en sortirons que par la force des esquimaux Gervais ! » Le débat est lancé sur de bons rails, il prend la tête d'une insurrection dont il se moque, et la foule suit en riant, heureuse de suivre un gourou autoproclamé fantoche, avec qui elle va jouer à la prise du Palais d'hiver. Première victime, le film de Carlos Saura, *Peppermint frappé* dont la projection est annulée.

Truffaut prend le train en marche.

On remarque aussi la présence de Claude Berri, qu'on ne verra jamais plus aussi véhément, excité, et sûr de lui. Ils sont tous prêts à la bagarre, tellement sûrs d'être du bon côté du peuple étudiant, du peuple ouvrier, contre les vieux, les bourgeois conservateurs, les capitalistes, les censeurs qui veulent continuer à montrer des films réactionnaires alors que le cinéma a besoin d'une bonne révolution.

Tous ne sont pas du côté de la révolution, à Cannes.

Polanski, alors membre du jury du festival, est quant à lui farouchement opposé au boycott que Godard et Truffaut veulent imposer au nom de « ce qui se passe dans le pays ». Il est pour la poursuite du festival, et contre l'ouverture des états généraux du cinéma. Il ne comprend rien à cette « remise en cause des structures actuelles de l'industrie cinématographique et des appareils idéologiques d'Etat ». Il ne voit pas en quoi consiste la « lutte contre l'organisation bourgeoise des images et des sons ». Il ne sent pas l'urgence qu'il y a à « mettre le cinéma français au service de la révolution ». Ou plutôt, il sent très bien de quoi il s'agit ; il reconnaît les mots, communs à toutes les langues infestées de marxisme. Il a compris que dans l'esprit des insurgés, cette refondation complète du cinéma français commence par la prolétarisation des scénarios, une collectivisation des films, lesquels seront devenus anonymes, leur montage étant le résultat d'une synthèse démocratique. Il a connu ça et il frémit quand il entend Claude Chabrol :

— Il faut mettre sur pied un véritable cinéma de service public !

La formule fait sourire ceux qui connaissent le bonhomme, bourgeois jouisseur patenté, elle fait peur, car c'est aussi parmi les bons vivants et les comiques qu'on recrute les plus zélés coupeurs de têtes.

En désespoir de cause, Rassam va trouver Orson Welles :

— Parlez, Maître ! Sinon Forman est foutu.

— Quiconque exerce ce métier stupide mérite tout ce qui lui arrive.

L'épreuve la plus douloureuse c'est de voir monter les cinéastes à la tribune de cette assemblée constituante, et de les entendre annoncer d'une voix morne qu'ils retirent leur film de la compétition. Forman ne se prêtera pas à cette scène d'autoflagellation, qui rappelle trop de choses.

Godard triomphe. Polanski n'a jamais beaucoup apprécié le réalisateur d'*A bout de souffle*, jamais été sensible à son amateurisme revendiqué, mais de le voir déguisé en substitut du procureur de cette république des films révolutionnaires, ça lui ôte définitivement tout respect.

Le 19 mai, le directeur du festival se voit contraint d'annoncer la clôture prématurée du 21e festival de Cannes.

Rassam est battu, une fois de plus. Malgré son astucieux système de corruption du jury, il n'aura pas la Palme à Cannes cette année. C'est encore plus rageant que l'année dernière car tout était en place, et c'est son beau-frère, ce vendu, qui a directement participé au fiasco en ralliant la cause des saboteurs. Claude a-t-il songé qu'il compromettait la carrière de Milos Forman ?

— La révolution est notre cause première. Elle passe avant les intérêts particuliers.

Tels les volontaires marseillais arrivant à Paris en juillet 1792, les festivaliers cannois sont accueillis en fanfare à l'école de cinéma de la rue de Vaugirard où se tiennent les états généraux du cinéma : « Camarades ! Il faut détruire les structures réactionnaires d'un cinéma devenu marchandise. »

Godard se rend compte que ces états généraux du cinéma réunissent tous les cinéastes qu'il déteste, les vieux de la vieille, et les jeunes réacs qui ne sont pas prêts à lui laisser le leadership du mouvement.

A la Sorbonne, où il croyait retrouver la même adulation de sa personne que sur les campus des universités américaines (« We want God-art ! »), il découvre un graffiti sur les murs : « Godard, le plus con des Suisses prochinois ». Il comprend que ce mouvement ne sera pas son *Guernica*, et dans ces conditions, il vaut mieux prendre ses distances.

Jean-Pierre ne se laisse pas abattre par la mésaventure cannoise. Il n'y a pas mort d'homme et l'important, c'est de rester avec Godard. Il transforme l'appartement de la rue Saint-Guillaume en succursale de l'Odéon occupé.

Les débats sont des plus animés, il s'agit de savoir s'il faut filmer la révolution, faire du cinéma révolutionnaire, ou révolutionner le cinéma. On s'amuse vraiment bien. Surtout Rassam qui trouve un grand plaisir à collectionner les petites amies des leaders de cette révolution sexuelle.

– 12 –

Autant Rassam se marre, autant Pialat regimbe :

— Ils veulent quoi, ces mecs ? La liberté d'expression ? La France est le pays où l'expression est la plus libre du monde ! Et ils veulent quoi, les ouvriers ? Des meilleurs salaires ? La France n'a jamais été aussi sociale. Quant aux artistes, laissez-moi rire. Les seuls qui auraient droit de se plaindre, et qu'on n'entend pas, ce sont les Arabes, les immigrés, ceux qu'on ratonne, ceux qu'on massacre au pont de Neuilly, ceux que j'ai filmés dans les bidonvilles de Nanterre. Parce que je les ai filmés, moi. Contrairement à ce que raconte Godard dans les assemblées générales, on ne l'a pas attendu pour filmer la misère, la vraie, la misère profonde, analphabète, pas syndiquée, celle qu'on ne trouve pas dans les manifs, et qui ne vote pas.

Mai 68 aura aussi attisé la détestation de Pialat envers Godard. Il lui enviait sa notoriété et sa prolixité, aujourd'hui, ce qu'il reproche au réalisateur du *Mépris*, c'est le mépris qu'il affiche pour sa propre célébrité ; comme si, avec tous ses privilèges, Godard pouvait aussi se payer l'aura de l'artiste maudit.

Pialat aurait peut-être été attendri par la colère de très jeunes cinéastes fauchés, mais de la part de types comme Truffaut, Chabrol, Malle, sans parler de Berri, qui ont tous passé la trentaine, cette pseudo-révolte est plus que risible : indécente. Comment osent-ils se plaindre de l'« industrie du cinéma » qui leur a tout apporté : starlettes, fric et gloire, alors que lui n'a rien et ne demande qu'une seule chose : faire son film, *L'Enfance nue.*

Il y arrivera, grâce à Arlette qui demandera de l'argent à son frère qui dira à Truffaut d'en parler à Mag Bodard, à Véra Belmont, tous les amis s'y mettront, sauf Rassam qui a d'autres chats à fouetter : Anne-Marie est enceinte de huit mois et demi. Perpétuellement enveloppée dans le manteau de fourrure, elle attend gentiment son heure, et Jean-Pierre ne la quitte pas. Il est passionné par le gonflement du ventre de sa petite sœur et les coups que lui envoie son neveu de l'intérieur.

De temps en temps, comme pour exprimer une joie qui n'a rien à voir, il fait une apparition dans la grande pièce envahie de comploteurs néo-bolcheviques :

— Camarades ! Branleurs de tous les pays, unissez-vous ! Et finissons le caviar avant l'arrivée du communisme international !

Rassam a beau lancer des slogans du genre : « Le football aux footballeurs » qu'il va écrire sur les murs de Sciences Po, il ne peut empêcher le mouvement de s'essouffler, et lui avec. Au bout d'un moment, comme tout le monde en France, il en a marre de cette insurrection qui part en eau de boudin. Quelqu'un a écrit dans le couloir, à la bombe : « L'appartement de Rassam appartient à ceux qui l'habitent ».

Le 30 juin, un million de partisans du général de Gaulle défilent sur les Champs-Elysées. Une douche froide s'abat sur le peuple de gauche qui se croyait maître de la rue. Au Quartier latin, les dernières échauffourées montrent que c'est fini, le lait a tourné. La belle folie aura duré vingt jours. Le mouvement étudiant se fige à l'approche des grandes vacances, et meurt de sa belle mort.

Les ouvriers reprennent le travail, et les cinéastes aussi. Pompidou conforte sa majorité. Léo Ferré chante : *Ils ont voté et puis après ?*

Berri se remet à son *Mariage*. La grève lui a fait perdre beaucoup d'argent. Le plus grave c'est qu'en repassant les rushes de son film sur la table de montage, il se rend compte du caractère anachronique de son histoire : il n'y est jamais question de libération sexuelle, on ne voit pas une manif, pas un graffiti, pas un CRS, et pas la moindre allusion à ce qui vient de changer la face du monde : Mai 68.

C'est l'histoire toute bête d'une fille de diamantaire d'Anvers, donc très riche, qui tombe amoureuse d'un fils de fourreur du Sentier, beaucoup plus modeste. Le riche futur beau-père veut embaucher son pauvre futur gendre à condition que celui-ci apprenne l'anglais. Alors il prend des cours et tombe amoureux de sa prof d'anglais. Finalement, il se marie avec la fille du diamantaire. A la synagogue.

Quand il pense aux discussions que soulevait *Le Vieil Homme et l'enfant*, sur les Juifs, sur les enfants, sur la France de l'Occupation, il a des bouffées d'angoisse, de honte, cette histoire de diamantaire anversois n'a aucun intérêt, c'est un désastre, il a envie de pleurer, ou d'appeler sa mère, ou de balancer le négatif à la Seine. Impossible. Il n'a pas le choix, il doit aller au bout. Il s'y consacre corps et âme, jour et nuit, dans la désolation de cet été parisien. Si au moins Arlette était là. Elle n'est pas là quand il a besoin d'elle, elle est partie avec Maurice, toujours avec Maurice, ils sont en train de faire leur film, avec son fric ; bien joué ! Il paraît que le film est magnifique, évidemment, tout le monde le dit : beaucoup plus beau, beaucoup plus fort que *Le Vieil Homme et l'enfant*. On dirait qu'ils lui en veulent, du succès planétaire de ce film. Il finit lui-même par détester ce succès démesuré, injuste, qui l'accuse et l'empêche de refaire un film aussi bon : ce succès qui l'étouffe.

Seul devant sa machine, il repasse et repasse les rushes jusqu'à en épuiser le dégoût, et à force de travail, en coupant ce qu'il y a de pire, en raccourcissant ce qu'il y a de moins bien, ça finit malgré tout par faire un film.

Julien Langmann naît le 14 juin 1968. Quand le papa arrive à la clinique, le bébé est déjà dans les bras de son oncle.

— Prends-le, dit Rassam mais ne le laisse pas tomber, je suis en quelque sorte le producteur de cet enfant. Tu n'en es que le reproducteur.

La mère s'interpose aussitôt et s'empare de son bébé avant que les deux beaux-frères ne se mettent à le tirer chacun par un bras, ou quelque chose comme ça.

— Alors, Claude, ce *Mariage*, tu es content de ton montage ?

Oui, il est content. Après le doute, Berri finit toujours par être content de ce qu'il fait, c'est sa force. Il organise une projection de la copie de travail. C'est une copie sale, usée, le son n'est pas mixé, il n'y a pas de musique, pas de commentaire.

La projection du film terminée, la salle se rallume, Claude se lève de son fauteuil.

Tout le monde se tait.

— Bon, là, ce n'est pas étalonné, c'est le problème des films en couleurs, il faut beaucoup travailler au labo, certains plans sont tombés dans le magenta ; étalonné, ça sera superbe.

— Donc, tu es content de toi, demande Anne-Marie.

— Ben, je trouve que c'est pas mal. Pas toi ?

— Je me demande comment je dois le prendre. Est-ce que tu me reproches de t'avoir privé d'un mariage à la synagogue ?

— Pas du tout. Ça n'a rien à voir avec nous… Tu n'as pas voulu qu'on tourne le film de notre mariage, donc j'ai fait une fiction, j'ai repris un ancien scénario qui n'a rien à voir avec notre histoire.

— C'est une vengeance, alors ?

— C'est un film, chérie. Rien qu'un film. Prends-le comme un film.

— Tu te rends compte des problèmes, par rapport à notre père ?

— C'est ton père qui va décider de ce que je dois tourner ?

— C'est avec son fric que tu tournes.

— Non ! C'est avec le mien ! Avec les recettes de mon film.

— On s'en fout d'où vient le fric, intervient Jean-Pierre. La question n'est pas non plus de savoir si tu fais ton mariage à la synagogue, à la mosquée, au temple, fais-le où tu veux, c'est ton film, tu as raison, le problème c'est qu'il est mauvais. Tu joues encore plus faux que dans le film de Maurice, là… *Mathilde* ?

— *Janine.*

— Ton scénario est d'une banalité effroyable, les dialogues sont nuls. Ce n'est pas seulement un film con, c'est un film sans aucun intérêt.

— J'ai voulu montrer cette cérémonie, les chants, le rituel, le badeken, je trouve ça très beau.

— Le badeken ?

— Le voile au-dessus de la tête de la mariée. La séquence est magnifique. C'est des trucs qu'on ne voit pas au cinéma... On n'a jamais montré un mariage juif au cinéma.

— La question n'est pas là.

— Elle est où la question ?

— C'est un film petit-bourgeois. Tout petit-bourgeois. Ça n'était pas la peine de monter sur les barricades pour faire ça.

Claude s'effondre dans son fauteuil. Tout ce qu'il craignait se produit. Il a bien vu, en le reprenant, que ce film était politiquement dépassé, il croyait être le seul à le voir.

— Et si je supprime la scène du mariage ?

— Tout ton film est basé là-dessus, Claude.

— Alors quoi ? Qu'est-ce que je peux faire ?

— Va te reposer.

C'est ce qu'il fait, rue du Faubourg-Poissonnière, dans les bras de sa maman qui lui a servi un grand chocolat chaud. Il tourne indéfiniment la cuiller à l'intérieur du bol. Si Arlette était là, elle lui dirait quoi faire. Il y a certainement moyen d'arranger ce film.

Après quelques gorgées de chocolat il se sent mieux, il reprend espoir :

— Je ferai mieux la prochaine fois, annonce-t-il à sa mère.

— Parce que tu veux en faire un autre ?

— Maman !

— Bon. En tout cas, je crois que tu ne devrais pas jouer dedans. Ça te porte malheur. Regarde : avec *Le Poulet*, tu n'étais pas dedans, ça a marché. Avec le *Vieil Homme*, tu n'étais pas dedans, ça a marché. Devant et derrière la caméra, c'est trop de travail.

— Qui t'a dit ça ? Arlette ? Elle est complètement intoxiquée par Maurice ! Tout ce qui sort de sa bouche c'est ce que l'autre lui a soufflé à l'oreille. Et puis si ça trouve, le film sera un triomphe, tout le monde a envie de savoir comment ça se passe pour de vrai, un mariage juif.

— Ça va, Claude, avec les Juifs, on a compris. Passe à autre chose.

— Je suis juif, je fais des films avec des Juifs, et je vais continuer de faire des films avec des Juifs, et je les emmerde.

— Mais il te reste encore de l'argent, alors ?

— Bien sûr.

— Les ordures !

Rassam abandonne les filles qui somnolent dans son lit et fonce dans la chambre d'à côté pour annoncer la nouvelle à son pote :

— Milos ! Les Russes !

— Quoi ?

— Les Russes sont en train d'envahir la Tchéco. Ça vient de passer à la radio : les chars soviétiques ont franchi toutes les frontières et font route vers Prague ! Appelle chez toi pour savoir.

Forman se frotte les yeux, il compose le numéro.

— Ça sonne ?

— Oui.

Mme Forman décroche, Milos l'informe de la situation, elle n'est même pas au courant alors qu'elle est sur place. Milos lui demande de quitter tout de suite Prague et de venir immédiatement en France, mais elle refuse, parce qu'elle sait qu'elle ne pourra plus jamais rentrer dans son pays.

Arrive la question des enfants :

— Viens les chercher, dit-elle.

Le problème, c'est que Forman ne peut pas retourner là-bas, il est fiché comme dissident, s'ils l'attrapent, ils le mettent directement en taule.

— On va les chercher, décide Jean-Pierre.

— Tu es saoul ?

— Donne-moi l'adresse.

— Comment tu vas passer la frontière, si les Russes ont tout bloqué ?

— Je t'expliquerai.

— Les jumeaux n'ont pas de visa, rien.

— Je les ferai passer par la valise diplomatique.

— Ils ont quatorze ans, Jean-Pierre, ils n'entreront jamais dans une valise...

— « Valise diplomatique », c'est une expression, ça peut avoir la taille d'une voiture. C'est l'immunité diplomatique qui compte.

— Et tu as ça ?

— Un peu plus que ça, je t'expliquerai, un jour. Allez, il ne faut pas perdre de temps. Ecris-moi l'adresse. Et rappelle ta femme pour lui expliquer.

Mais soudain, quelque chose intrigue Forman :

— Et les filles ?

— Eh ben quoi ?

— Tu as ramené des filles hier soir.

— Elles sont là. Tu les veux ?

— Tu baises en écoutant les infos ?

— Eh.

Eh, en arabe, ça veut dire oui.

Jean-Pierre appelle Truffaut au téléphone. Il lui annonce la nouvelle catastrophique et exaltante, et lui demande s'il peut venir avec lui pour aller chercher les enfants de Milos Forman à Prague. Pas de chance, Truffaut a une projection de presse de son film, *Baisers volés*, le lendemain à onze heures. Il peut volontiers prêter sa Mercedes. Il aura fait ça toute sa vie : prêter des caméras aux jeunes cinéastes, leur fournir de la pellicule, et même du fric pour aider à produire ceci, ou cela. Tout en restant à l'abri. Jean-Pierre le remercie pour la voiture, le problème, c'est qu'il n'a pas son permis de conduire ; il faut trouver un chauffeur.

— Demande à Claude, conseille Truffaut.

Jean-Pierre n'a pas parlé à son beau-frère depuis la projection de *Mazel Tov*, il craint de réveiller Anne-Marie et le petit, tant pis, il appelle :

— Claude ! Est-ce que tu veux sauver des enfants juifs des camps d'extermination néonazis ?

— Oui, enfin...

— Tu veux les sauver ou pas ?

— Tu peux m'expliquer ?

— Retrouve-moi en bas de chez François dans vingt minutes. Allez grouille !

Jean-Pierre se demande si Claude va le prendre au sérieux, c'est un test. Il arrive chez Truffaut, prend les clefs de la Mercedes et attend en bas de l'immeuble.

Et Claude arrive. Jean-Pierre lui lance les clefs.

— Je préfère que tu conduises. Surtout en France.

— Ah bon. Pourquoi ?

— Je t'expliquerai un jour. Ah, c'est beau que tu sois venu, petit frère ! Tu aurais pu m'envoyer chier, mais tu es venu. Sans poser de question. Parce que tu m'aimes. Parce qu'au fond, tu sais que moi aussi je t'aime.

— Bien sûr que je t'aime. Tout le monde t'aime, c'est ça qui est injuste. Maintenant, est-ce que tu peux m'expliquer ce que je fous là ?

— Tu veux un Choco BN ? Y en a à la vanille, c'est nouveau. Tu veux du Fanta ?

— Parle !

— Les Russes sont en train d'envahir la Tchéco. Avec des panzers allemands ! On va à Prague récupérer les enfants de Milos. Qu'est-ce que t'en dis ?

Berri croque dans son Choco BN à la vanille. C'est nouveau, en effet. Qu'est-ce qu'il en dit ? Il réfléchit. Il se demande si c'est encore un piège. Il tourne vingt fois le Choco BN dans sa bouche avant de répondre.

— Ça me fait plaisir que tu m'aies appelé.

— Arrête de faire ça, Claude !

— Qu'est-ce qu'il y a ?

— Arrête de me regarder comme ça, tu vas me faire chialer !

— Je ne savais même pas que Milos avait des enfants.

— Moi non plus. Et des jumeaux. Des jumeaux juifs, c'est exceptionnel, non ?

— Qu'est-ce que tu veux dire ?

— Je rigole. On est des résistants. Il faut qu'on arrête de se disputer pour des conneries. Merde ! Les Russes et les Allemands envahissent la Tchéco et personne ne va bouger ! Sauf nous. C'est de la folie, mais on y va, tu comprends, on y va...

— On ne va pas tenir jusqu'à Prague si tu ne te calmes pas un peu, Jean-Pierre.

La Mercedes-Benz fonce sur l'autoroute. 160, 180, parce qu'il n'y a pas de limitation de vitesse, on meurt beaucoup sur les routes, à cette époque.

Ils bouffent des Choco BN, boivent du Fanta, fument en écoutant la radio, les informations à midi : « La situation est extrêmement confuse. Les gens descendent dans les rues de Prague pour arrêter les chars en se couchant devant. Les soldats russes et allemands sont insultés. »

Claude et Jean-Pierre scandent en tapant sur le tableau de bord : « Dubcek ! Svoboda ! Dubcek ! Svoboda ! »

C'est Jean-Pierre qui guide, il connaît la route. Il l'a prise plus d'une fois pour aller à Istanbul, en vacances, dans la Rolls familiale. Il raconte à Claude les voyages touristiques à travers l'Europe, Vienne, Budapest, Belgrade, la Grèce :

— Pendant que les parents visitaient les ruines, on restait au fond de la limousine à se chuchoter des horreurs, c'était à qui trouverait l'insulte la plus méchante, la vérité la plus cruelle, l'accusation la plus douloureuse, on creusait nos pensées les plus secrètes, et on s'endormait, épuisés de saletés, lavés donc, dans les bras l'un de l'autre. Et on a gardé cette habitude, se faire du mal. Mais bien sûr c'est moi qui étais le plus fort. J'adorais la faire pleurer. Tu as remarqué la façon particulière qu'elle a de pleurer ? Ses larmes ne coulent pas, elles giclent de ses yeux.

— Je ne la fais pas pleurer.

— Tu as tort. Elle adore ça. Enfin, elle adorait ça parce qu'après chaque dispute, on se réconciliait, mais c'était des réconciliations physiques, on se serrait, on pleurait ensemble, on criait de joie, on ne pouvait plus se quitter pendant trois jours, trois nuits, à se consoler.

— Vous avez couché ensemble ?

— Tout dépend de ce que tu entends par « couché ensemble ». Si tu me demandes si on a baisé ensemble, oui, bien sûr. Fais pas ta tête de coco puritain. Tu connais Istanbul ?

— Non.

— Il faut qu'on y aille, un jour. Tous les trois. Il y a une partie de notre famille. Anne-Marie a dû t'en parler.

— Non.

— Elle ne t'a jamais parlé d'Istanbul ? Du palais des Gulbenkian ? Calouste Gulbenkian… Tu vois bien qui c'est !

— Non.

La route est longue, Rassam a le temps de broder sa légende.

Calouste Gulbenkian est né à Istanbul, en 1869. Issu d'une illustre famille noble d'Arménie, convertie à la finance, l'enfant fait ses études au collège français Saint-Joseph. Il est envoyé ensuite à Marseille où il donne à son français un accent pointu. Il achève ses études universitaires à Londres par un diplôme d'ingénieur, et décide de partir à la découverte de son propre pays, qu'il traverse jusqu'à Bakou, et au retour, il publie son carnet d'impressions dans la *Revue des Deux Mondes*. L'article lui vaut d'être appelé par le ministre des Mines : « Je veux un rapport sur les gisements de pétrole de l'empire. » On parle de l'Empire ottoman.

Il continue donc de voyager, de la mer Caspienne au golfe Persique, en passant par le vilayet de Mossoul. C'est là que Gulbenkian fait la rencontre de Joseph Rassam, le grand-père de Jean-Pierre. Joseph n'est pas le dessinateur que prétend Jean-Pierre, les cartes qu'il possède de la région sont des métaphores : il faut passer par lui pour accéder aux champs de pétrole, et c'est ça qui intéresse l'Arménien. Entre le « dessinateur » et le prospecteur, l'entente est rapide, l'échange fructueux, ils parlent tous les deux la langue du Christ, qui est leur prophète, et à la fin, ce ne sont pas des cartes que Joseph offre à Gulbenkian, mais un bien infiniment plus précieux, son amitié. On croit à ça, à l'époque.

Gulbenkian reprend la route, prospecte en Egypte, un pays encore ottoman, où les Anglais sont les maîtres. Il fait bien de rester là, car les pogroms ravagent l'Arménie.

A trente ans, installé au Caire, sachant à peu près tout de l'industrie pétrolière naissante, Gulbenkian entre au service d'Henri Deterding, le « Napoléon du pétrole », pour la création de la Shell. Il est au fait des zones les plus prometteuses, des techniques de forage à l'américaine les plus perforantes, il connaît aussi les combinaisons financières à l'anglaise, les plus crapuleuses, et parle français, tout ça lui vaut d'être nommé conseiller économique auprès des ambassades ottomanes à Paris et à Londres. Une nomination qui produit le meilleur effet auprès des démocraties européennes ; un Arménien à la tête de la délégation économique c'est la preuve que l'empire de la Sublime Porte ne cherche pas du tout à exterminer ses chrétiens, comme certains en font courir le bruit.

Devenu l'associé de Deterding, Gulbenkian fonde la Turkish Petroleum Company, qui n'a plus rien de turc, et réalise pour le compte des Anglais, associés aux Allemands et aux Hollandais, le dépouillement des biens ottomans sur tous les gisements de la région. Un tour de passe-passe qui vaut à Gulbenkian le titre de « Talleyrand de l'or noir ».

La Turkish Petroleum Company, dotée de moyens modernes, fait jaillir du vilayet de Mossoul tout le pétrole dont les industries européennes ont besoin. Gulbenkian se contentant de prélever 5 % sur tous les profits, d'où son vilain surnom de « Monsieur 5 % » qui est moins joli que Talleyrand, mais plus précis, et suffit largement à faire de lui l'homme le plus riche du monde. Gulbenkian passera finalement à la postérité comme « le roi du pétrole ». C'est plus simple.

Le délitement de l'Empire ottoman laisse la place aux nouveaux maîtres de l'Anatolie républicaine d'Atatürk. Ça n'empêche pas Gulbenkian de revenir à Mossoul. Il y retrouve son ami Joseph Rassam, rescapé des massacres, qui s'empresse de lui remettre les dividendes de leur amitié jurée dix ans plus tôt : son fils Thomas, dix-huit ans, le père de Jean-Pierre.

Un regard suffit à Gulbenkian pour comprendre à qui il a affaire. Il embarque le garçon avec lui, en fait son factotum, son protégé, son ombre. De Londres à Bagdad, de Beyrouth à Téhéran, l'Arménien va tout apprendre à Thomas : la diplomatie et la finance, la stratégie du secret et la mobilité permanente des capitaux. Une vie pleine de fastes, de plaisirs.

La défaite de l'Allemagne fait tomber les champs pétrolifères de Mossoul dans l'escarcelle de l'Empire britannique. La République française s'en fout : « Moi, quand j'ai besoin de pétrole, j'en trouve chez l'épicier ! » déclare Clemenceau qui récupère malgré tout pour son pays les 25 % que l'Allemagne possédait dans la Turkish Petroleum Company. Tandis que Gulbenkian conserve ses 5 % sur les bénéfices.

Racontée par Jean-Pierre, l'ascension de Gulbenkian file le vertige à Claude qui, une heure plus tôt, ignorait jusqu'à l'existence de l'homme le plus riche du monde. Ça ne l'éclaire pas sur la fortune des Rassam : ils sont riches comment, riches en quoi ? Plus il en apprend plus ça devient mystérieux. Comme cette ville de Beyrouth que Jean-Pierre fait jaillir d'un conte des *Mille et Une Nuits* : un port mirifique où tout l'Orient se traite, les femmes blanches et le cours de l'or noir, « autant de banques que de bordels ». Les parfums du souk, le vacarme des ferblantiers et des trolleys, Rassam en parle comme s'il avait connu ça, comme si les hydravions venaient toujours amerrir dans la baie pour apporter le courrier de France. Il mélange ses souvenirs et ceux de sa mère, l'avant et l'après-guerre, le vrai et le faux, l'esbroufe et le reste, les skieurs qui slaloment entre les cèdres dans les montagnes du Mzaar et du mont Hermon ; Claude ne savait même pas qu'il y avait de la neige au Liban et que des princes saoudiens entretenaient des écuries de courses, des stars d'Hollywood et des danseuses de l'Opéra.

— Beyrouth, c'est Paris au bord de la mer, l'Orient en plus. Le quartier des affaires, c'est frénétique autour du Petit Sérail, autant de chéchias que de borsalinos, les Cadillac laissent passer les charrettes à bras et on se tait quand les chameaux blatèrent.

— Quand est-ce que tu m'emmènes là-bas ?

— Quand tu veux, mon petit, quand tu veux ! Je te montrerai l'endroit où mes parents se sont connus. C'était au bord de la piscine de l'hôtel Saint-Georges, le plus chic et le plus moderne de la ville. Construit sur la mer.

Après la Grande Guerre, Gulbenkian est devenu le protecteur des Arméniens persécutés, décimés et disséminés, d'Istanbul au Caire, en passant par Beyrouth où il leur a construit des hôpitaux, des écoles, et un peu plus tard des musées. Car il s'intéressait beaucoup à l'art, et par une imitation consciencieuse de son protecteur, Thomas visitait lui aussi les collections et les musées lors de ses voyages d'affaires en Europe, il a même acheté quelques tableaux. En 1930, Gulbenkian s'est permis de négocier directement avec l'Etat soviétique exsangue le rachat de quelques-uns des plus précieux trésors du musée de l'Ermitage, des Rembrandt, des Titien, des Raphael. En deux décennies de shopping, Gulbenkian a constitué ce que Maurice

Rheims considérait comme « la plus grande collection d'art de la planète », il en était d'ailleurs l'expert attitré.

— Et toi, Claude, tu t'intéresses à l'art ? Tu es déjà entré dans un musée ?

— Bien sûr que non. Je suis un plouc. Je ne sais même pas lire.

— Ce n'est pas grave de ne pas connaître.

— Je m'y connais un peu. Picasso, Renoir, Fernand Léger. J'aime bien.

— Yves Klein ? Celui qui trempe les filles à poil dans la peinture bleue.

— J'appelle pas ça de la peinture, c'est de l'escroquerie.

— Ça viendra.

— Quoi ?

— Un jour tu appelleras ça de la peinture. Tu profiteras de la vie.

— Je me suis marié avec ta sœur, connard ! Si c'est pas profiter de la vie, ça !

— Non. Je t'ai vu, le premier soir, comment tu mangeais tes profiteroles. Tu ne profites pas. J'ai cru qu'Anne-Marie arriverait à te décoincer. Impossible. Et je t'ai vu à Cannes, tu prends tout au sérieux. Regarde : moi, depuis la mort d'Annie, tu crois que je suis heureux ? Pas une seconde. Je suis triste comme les pierres, ça ne m'empêche pas de m'envoyer des putes entre deux lignes de coke, je profite, c'est pas plus compliqué que ça.

— Tes parents avaient vraiment une Rolls ?

— On l'a toujours. Elle est au garage. Si tu t'y connais tu pourras la faire redémarrer.

C'est dans l'ombre de Gulbenkian que Thomas Rassam aurait assuré sa fortune, tout en prenant place sur l'échiquier du commerce international des hydrocarbures. Cette place lui a permis de saisir toutes les opportunités sexuelles, amoureuses qui se présentaient, sans scrupules et sans incidents majeurs, en Europe ou ailleurs. Et puis un beau jour, Gulbenkian a estimé qu'il était temps pour son protégé de se marier ; il lui a présenté Virginie Jambart, grande élégance, grande beauté, et grande famille arménienne. Pas question pour Thomas de décevoir son mentor, d'autant qu'il l'a trouvée sublime à l'ombre de son parasol, un roman français à la main, il est tombé amoureux sur-le-champ. Le mariage a été célébré dans la foulée. Leur premier enfant, Paul, est né à Beyrouth en 1939. Un an plus tard, c'est la débâcle de l'armée française. Un sacré choc pour les Libanais, indépendantistes ou néo-colons. La victoire de Hitler est une très mauvaise affaire pour tout le monde : les chefs druzes et les imams, les chrétiens de gauche et les sunnites socialisants, la caste des hauts fonctionnaires qui ont si fidèlement servi les Français pendant vingt ans, tous ceux qui s'impatientaient de voir les « protecteurs » quitter le pays, bref tout le monde comprend que Pétain ne va pas leur accorder l'indépendance promise par la Société des nations, et du coup, tous se retrouvent du côté des Anglais et du général exilé à Londres.

Le 21 juin 1941, les Forces françaises libres, avec l'appui de l'armée britannique, entrent à Damas et en chassent les armées de Pétain. Après trois semaines de combats et plus de quatre mille morts, Beyrouth tombe aux mains des Alliés. Pour les Libanais, la guerre était finie, elle avait duré un an.

Beyrouth est la première ville conquise par les armées de la France libre. Quand de Gaulle débarque, le 31 juillet 1941, la foule en liesse lui offre une répétition générale de ce qu'il va vivre à Paris, trois ans plus tard. Virginie est enceinte de Jean-Pierre ce qui ne l'empêche pas de monter sur le balcon pour voir défiler les troupes victorieuses du général deux étoiles. Tout le personnel de la maison agite les drapeaux bleu blanc rouge : Vive di Gôle ! Vive la Fronce ! Jean-Pierre naît deux mois et demi plus tard, le 14 octobre.

— Anne-Marie est née trois ans plus tard, à la libération de Paris. Ce qui fait qu'on est les enfants des deux libérations. C'est pour ça qu'on est libérés de tout.

Après la guerre, Gulbenkian en a eu marre de creuser des trous dans le désert. Il a passé les dix dernières années de sa vie à courir le monde pour ramasser des objets d'art. Son empire s'est dilué dans des opérations caritatives et culturelles, aujourd'hui, il n'y a plus que des fondations et des musées.

– 13 –

Ils ont roulé cinq heures, ils s'arrêtent à la hauteur de Nuremberg pour prendre de l'essence ; un jeune type en bleu de pompiste se penche à la portière pour demander à Claude s'il veut le plein.

Jean-Pierre l'interpelle, en allemand :

— Qu'est-ce que tu penses des Russes, mec ?

— Je sais pas.

— Nous on y va. Tu veux venir avec nous ?

— Où ça ?

— A Prague ! On va rejoindre l'armée de résistance.

— Je ne crois pas, non. J'ai du boulot.

— OK. Garde la monnaie. Tu vois ça, Claude, le niveau de conscience du peuple ? C'était pareil en 39. On y serait allés, nous, quand Hitler a envahi la Pologne, on se serait arrêtés pour prendre de l'essence et on aurait demandé au mec : Vous venez avec nous casser la gueule de Hitler ? J'ai du boulot, il aurait dit. Tu avais quel âge en 39 ?

— Cinq ans.

— Tu t'en souviens, de l'invasion de la Pologne ?

— Comment veux-tu ?

— Mais moi, j'avais cinq ans quand les Palestiniens sont arrivés chez nous. J'ai toujours cru que c'était à cause d'eux qu'on avait quitté le Liban. Jusqu'à ce que je comprenne que ça n'avait été qu'un prétexte, trouvé par mon père, pour se débarrasser de nous. C'est pratique, les guerres. Quand on veut quitter ses parents, on devance l'appel. Au lieu de rompre avec une femme, on entre dans la résistance. C'est comme nous, là, pourquoi on joue les héros ? Pour lutter contre les Russes ? Non. On y va parce qu'on veut se réconcilier. Parce que je veux te dire que tu traites mal ma petite sœur, et que tu vas me promettre de ne plus la frapper, jamais !

— Je ne l'ai jamais frappée ! Qu'est-ce que tu racontes ? Elle t'a dit ça ?

— A notre retour, si on en revient, *Paris Match* dira : deux jeunes héros du cinéma français sont allés au péril de leur vie sauver les enfants du grand cinéaste tchèque. La vérité c'est pas ça. Tu le sais bien. Je ne veux plus que tu frappes ta femme, Claude. Plus jamais, jamais, jamais !

— C'était une gifle. Juste un geste comme ça, un mauvais réflexe. Je ne l'ai pas « frappée » au sens où je l'aurais battue. Jamais, tu dois me croire. Et puis, franchement, Jean-Pierre, de la façon dont tu traites les femmes, je crois que tu n'as pas de leçon de morale à me donner.

— Sauf que tu la rends triste.

— Elle est triste ! Ta sœur est une femme triste ! Elle est intelligente, vous êtes des champions de l'intelligence tous les deux, mais ça n'empêche qu'elle est triste. Et ça, c'est pas de ma faute. Elle est… je ne sais pas, je crois qu'elle est névrosée. Un jour c'est l'euphorie, tout est beau, elle emmène Julien partout, on rigole, et tout à coup, on dirait que la lumière s'éteint. Clac. Plus rien. Comme si elle s'était cognée au plafond en sautant de joie.

— « *Too much of water hast thou, poor Ophelia, and therefore I forbid my tears. When these are gone, the woman will be out.* »

— Traduction ?

— « Après ces larmes, je serai un homme. »

— Tu chiales pour de vrai !

— C'est un entraînement. Une concentration sur une pensée précise.

— Et tu penses à quoi ?

— Annie était enceinte.

— Qui commande dans ce bordel ? Je suis Rassam. Passeport diplomatique !

Il a fait irruption dans le poste de douane en brandissant son passeport sous le nez du chef de poste qui trouve une centaine de dollars à l'intérieur du document, il les empoche et ordonne d'un geste las à ses subordonnés de laisser passer l'énergumène.

Il remonte dans la Mercedes où Claude l'attend, rongé par l'angoisse. La barrière se lève.

— Comment tu as fait ?

— La corruption, explique Rassam, est le plus sain des systèmes, le plus humain. Je dirais même que la corruption est le fer de lance de l'humanisme. Démarre et salue en passant. La démocratie, c'est le cancer qui ronge notre civilisation. Dis-moi combien de temps il aurait fallu, dans un régime démocratique, pour expliquer à ces connards qu'on va à Prague pour sauver des enfants de la dictature.

Tout est calme en Tchécoslovaquie. Ils roulent un certain nombre de kilomètres en direction de

Prague avant de dépasser les premiers convois de militaires.

— Double-les, ces ordures ! Je vais leur faire des doigts !

— Je ne veux pas mourir pour ça, Jean-Pierre. J'ai une femme et un enfant.

— Tu l'aimes encore, alors ? Tu ne vas pas la laisser tomber, hein ?

— Bien sûr que non.

— Et tu la protégeras toujours ! Et comme ça, je ne serai plus jamais méchant avec toi.

— Tu n'es pas méchant, Jean-Pierre, tu es jaloux. Je connais ça. Quand Maurice est parti avec Arlette, je voulais le tuer. J'ai failli le faire. Au lieu de ça, j'ai écrit un scénario, eux aussi, ils ont écrit, ça nous a fait du bien. Toi, tu t'en fous d'écrire, de résoudre les choses, tu veux qu'elles tournent sans cesse dans la marmite de tes combines.

— Dépasse-les. Je te promets que je ne ferai rien. Je ne les regarde même pas.

Ils doublent des convois et des convois de chars allemands, hongrois et russes, et ils arrivent à Prague, au milieu de la foule désespérée, furieuse, certains grimpent sur les chars. Rassam crie avec eux, tout en demandant la direction de l'adresse où ils doivent se rendre.

— On aurait dû emporter une caméra, dit Berri.

— On s'en fout, du cinéma. On est dans la vie. Dans l'Histoire. Et on y est ensemble. Parce qu'on est des frères. Des beaux-frères, pas des vilains-frères. C'est ça qui est fort, c'est ça qui est important.

On fait une chose im-por-tante ! Et tant pis si on se fait tuer. Et c'est pas grave si ton film est nul.

— Il n'est pas nul.

— T'as raison. Un film, c'est jamais nul. Ce sont les films qu'on ne fait pas qui sont nuls !

— Mais tu sais, si ça se trouve il va très bien marcher. J'ai trouvé un nouveau titre. *Mazel Tov ou le Mariage*. Le titre n'a jamais été pris.

— Tu m'étonnes.

— Non, c'est vrai, j'ai vérifié.

— Tu plaisantes, j'espère ? Mazel Tov ! C'est comme si tu mettais à l'entrée des cinémas : « Réservé aux Juifs ».

— Pourquoi tu dis ça ? On a fait presque trois millions d'entrées avec le *Vieil Homme*, les spectateurs n'étaient pas tous juifs.

— Tu as eu l'intelligence de ne pas l'appeler *Le Vieil Homme et l'enfant juif*. Est-ce que tu saisis la différence ? Et puis, tu parlais des Juifs malheureux ! Les Français adorent les Juifs malheureux, les déportés, tout ça, ils sont à fond pour, ils font la queue pour les voir crever, mais ils ne veulent pas voir des Juifs heureux qui se marient, lalala, avec leurs bigoudis et tout ça.

— Quels bigoudis ?

— Putain ! Dire que je suis le beau-frère du réalisateur d'un film qui s'appelle *Mazel Tov*... J'espère qu'on va mourir, Claude, qu'on va vraiment nous tirer dessus, que je ne connaisse pas la honte de voir sortir ce film ! Bon, arrête-toi là, je ne sais plus où on est. Faut que je demande.

Jean-Pierre descend de la voiture avec sa carte et revient en compagnie d'un jeune Tchèque qu'il fait monter dans la voiture :

— Mazel Tov, j'ai trouvé un guide. Allons libérer ces mômes.

Les douaniers voient repasser la Mercedes avec deux adolescents en plus à l'arrière. Ils les saluent.

Trente-six heures après avoir quitté Paris, Claude et Jean-Pierre remettent les deux jumeaux à leur père. Ils entrent la semaine suivante au lycée Turgot, foyer de militantisme trotskiste.

Berri présente *Mazel Tov* à la presse, il ne s'attendait pas à un triomphe, mais pas non plus à un accueil aussi glacial.

Le film sort le 20 septembre et le public n'est pas chaud non plus.

Le plus humiliant, c'est qu'on ne parle que du film de Forman ; Rassam a réussi à organiser la ressortie d'*Au feu les pompiers*, et ça fait un tabac. Les critiques, qui l'ont ignoré trois mois plus tôt, lui consacrent des pages entières ; l'intervention soviétique à Prague n'a pas seulement rendu le film meilleur, elle en a fait un chef-d'œuvre. La mode n'est plus aux enfants juifs mais aux artistes tchécoslovaques, nouveaux persécutés dont Forman est le chef de file. Il passe dans toutes les émissions de télévision, tandis que Berri doit se contenter d'assurer la promotion de *Mazel Tov* en province pour limiter les dégâts.

Sur la chaîne régionale, un journaliste l'interroge :

— *Mais pourquoi ce titre vraiment étrange :* Le Mariage ou Mazel Tov *?*

— *Oui, alors au départ, le film devait s'appeler* Mazel Tov ou le Mariage. *Car c'est ce qu'on lance aux mariés, chez les Juifs : « Mazel Tov ! » Mais pour la France, c'était une erreur parce que le public français n'est pas habitué à entendre ces mots. Alors on est revenu à ça :* Le Mariage ou Mazel Tov...

— *Hmm hmm.*

Lors d'une émission de Pierre-André Boutang, « Cinéma critique », qui présente les sorties de la semaine, ils ont eu l'idée de confronter Berri à un fils de diamantaire juif, Michel Chrétien, qui demande à Berri ce qu'il lui a pris de faire un film qui se passe dans ce milieu-là.

— *Je suis juif, je parle de ce que je connais.*

Justement, le diamantaire a des petits reproches à faire, notamment à propos de la partie de cartes dans le film : d'après lui, des Juifs n'auraient pas fait ceci, n'auraient pas fait cela.

— *Tout le reste est très bien*, dit-il, *surtout la cérémonie du mariage, tellement véridique. C'était très courageux de se marier ainsi, pour de vrai, devant la caméra, c'est rare.*

Un peu gêné, Berri essaie d'expliquer que ce n'était qu'une scène de cinéma. Le diamantaire le détrompe : le fait de s'être marié dans une synagogue, devant un rabbin, même pour le cinéma, sera considéré comme un mariage officiel selon la loi juive.

Mal à l'aise, Berri soutient le contraire, il affirme avoir pris toutes les précautions, notamment en enfilant l'anneau sur le mauvais doigt et en glissant des erreurs dans la prière du rabbin.

Peine perdue, le diamantaire n'en démord pas :

— *Votre mariage est valable.*

L'émission s'achève sur ce soupçon de bigamie pesant sur un Claude Berri qui n'en peut mais.

– 14 –

Rassam a filé à New York avec Milos.

Il passe la soirée au Elaine's, fait le siège de la Paramount toute la matinée pour qu'ils produisent le prochain Forman, *Taking Off*, et l'après-midi, à la Factory, il essaie de convaincre Andy Warhol, qui se remet à peine de sa tentative d'assassinat, de réaliser un film sur lui.

En attendant, il devient l'amant d'Anna Karina ; l'idée de coucher avec une héroïne de Godard, même ancienne, c'est l'apogée. Il commence sa collection.

De cinq à sept, passage obligé de la libération du corps, Rassam pratique le *body painting* sur des filles qui, cinquante ans plus tard, se plaindront d'avoir été souillées.

Rassam se balade ensuite dans Bleecker Street, il adore ce quartier avec ses salles de cinéma aux programmations improbables, et tout autour les cafés dans lesquels il croise Cassavetes, Kate Millett et Robert Downey qui fait déjà tourner Junior dans ses films. On ne peut pas marcher dans les rues de Manhattan sans croiser un tournage en cours :

— Les mecs font des films comme d'autres font de la musique, des bœufs sur le toit, dans les appartements, partout, ça tourne, ça fume, ça cause, tout le monde est jeune et défoncé à mort, raconte Rassam, on peut faire du fric et être à l'avant-garde, déjanté, artiste, révolutionnaire. J'ai toujours été new-yorkais, en somme.

C'est avec nostalgie qu'il rentre à Paris pour la sortie de *L'Enfance nue.*

En découvrant le film, il est à la fois convaincu par Pialat, et certain de son échec. Intuition confirmée le jour de la sortie du film. C'est le flop le plus triste, le plus sinistre de l'année. Triste parce qu'à la différence de *Mazel Tov* qui a été boudé par la critique, le film de Pialat est unanimement couvert de louanges par les critiques, les cinéphiles. Sinistre parce que les spectateurs, les rares qui entrent dans les salles où il est projeté, tous rient, pleurent, applaudissent...

— Et restent là comme des cons, leur reproche Rassam. Si c'est « un beau film », si c'est « un chef-d'œuvre », pourquoi ils ne font pas des manifs pour forcer les gens à aller voir ce film ?

Rassam sait très bien pourquoi le film ne marche pas : pour les mêmes raisons qui ont fait que *Le Vieil Homme et l'enfant* a si bien marché.

Le héros de *L'Enfance nue* a le même âge que celui du *Vieil Homme et l'enfant.* Comme dans le film de Berri, l'enfant est adopté par un vieux monsieur qui raconte sa guerre, mais dans le film de Pialat, à la place du Michel Simon ramenard qui invente pour le gosse des exploits douteux, le vieil homme, René Thierry, raconte de vrais souvenirs de résistance et au lieu de montrer de fausses blessures de baïonnette, il égrène humblement les photos de ses copains fusillés.

Dans la mise en scène aussi, Pialat prend Berri à revers. Il réussit ce que l'autre ambitionnait avec *Le Mariage ou Mazel Tov* : faire jouer aux personnages leur propre rôle. Les assistantes sociales, les parents adoptifs, les enfants, les décors, tout est authentique. Jusqu'au fameux chat que le héros balance du haut de la cage d'escalier, comme pour narguer Michel Simon qui prend tellement soin de son vieux chien perclus de rhumatismes.

Autant le héros de Berri est adorable, adoré de la France entière, autant celui de Pialat est odieux, caractériel, il n'attendrit pas les Français, il les accuse.

On a su gré à Maurice Pialat d'avoir mis en scène des enfants en évitant toute mièvrerie, mais s'il a choisi de montrer la cruauté des enfants, c'est par réaction. Nulle morale, nulle élégance, il s'agissait d'infliger au film de Berri un démenti, par la plus radicale des critiques, celle d'un film. Cela n'a pas empêché Berri de produire *L'Enfance nue*, et de l'aimer. Et s'il n'a pas vu que le film de Pialat prenait le sien à revers, c'est sans doute que Pialat l'ignorait lui-même à ce moment-là.

Quatre ans plus tard, lors de la première diffusion du film à la télé, sur la deuxième chaîne, quand, après le triomphe de *Nous ne vieillirons pas ensemble*, tout le monde s'intéresse à lui, Pialat répond à sa manière à l'énigme que constitue l'insuccès de son film :

— *C'est de ma faute. J'étais très inconscient. J'étais probablement le seul à croire qu'il pouvait avoir du succès. Or tout était réuni pour que ce film n'ait pas de succès. Je sais que moi, spectateur, je ne serais pas allé voir ce film. Je n'aurais pas eu envie d'aller le voir. Je crois qu'il ne faut pas tourner ce genre de sujet. En tout cas pas pour le cinéma.*

Il se reproche aussi de n'avoir pas été au bout des choses. Et il cite l'exemple d'un des enfants de l'Assistance publique qui lui avait servi de modèle, et qui, quelques jours avant le tournage, s'était suicidé, il s'était pendu « dans les chiottes avec la laisse du chien », un autre, au cours même du tournage, avait avalé des cachets parce qu'il se sentait rejeté.

— *Comment se fait-il, c'est une question que je me pose à moi, ça ne vous arrange peut-être pas que je vienne dire des choses comme ça dans une émission parce que habituellement on plastronne un peu, mais comment se fait-il que j'aie éliminé tout ça, et que ça ne se retrouve pas dans mon film ? Peut-être parce que, d'une certaine façon, je cherchais à plaire, à faire ma pute, je la faisais mal parce que je n'avais pas compris la musique aussi bien que les autres, et que je ne vendais pas bien ma salade. Mais dans le fond, je ne voulais pas trop effrayer. Mais peut-être qu'aujourd'hui ça plairait. Demain, ça sera peut-être en montrant un gosse qui se pend, parce que c'est bien plus terrible de montrer un gosse qui se pend à quatorze ans que de mettre son doigt dans du beurre.*

En tout cas, je ne l'ai pas fait et j'étais en position de le faire, à l'époque. Donc, je ne peux accuser personne de ne pas l'avoir fait.

Laissait-il entendre qu'il avait inconsciemment cherché l'échec de son film ? Pour quelle raison, sinon en faire un film maudit dont la carrière s'opposerait elle aussi à celle du *Vieil Homme*, film béni.

Le Mariage ou Mazel Tov, *L'Enfance nue* : pour Renn productions ce sont deux échecs d'affilée, et on n'a pas l'impression que le film d'Yves Ciampi sur l'invasion soviétique en Tchécoslovaquie, *A quelques jours près*, va arranger les choses. Plus personne n'en parle, de la Tchéco, l'ordre règne à Prague, l'indignation du peuple de gauche a laissé place à la honte. On découvre le mot Realpolitik, et la chose qu'il désigne.

Vendu partout à l'étranger, le *Vieil Homme* continue de faire entrer de l'argent dans les caisses, mais ça n'est pas inépuisable. Surtout avec ce que Rassam dépense en alcool, en putes, en invitations, et en allers-retours Paris-New York. Ces frais de représentation, comme les qualifie Rassam, Berri les supporte de moins en moins :

— Ils plombent les comptes de la société.

— C'est toi qui me plombes ! Je ne fais pas des films pour réaliser des économies de bouts de chandelles.

— Je dis qu'il faut faire attention, c'est tout.

— C'est déjà beaucoup trop ! Ton erreur, c'est de « faire attention ». Un seul truc t'intéresse : les films « à petit budget ». Que ton *Mazel Tov* soit une merde, ça, tu t'en fous, puisqu'on n'a pas perdu d'argent avec ! C'est la mort assurée si on continue comme ça.

— J'ai perdu cent mille francs avec le film de Maurice, hurle Berri.

— Mag Bodard en a perdu dix fois plus que toi, elle ne crie pas, elle sait que c'est un chef-d'œuvre et qu'on en parlera encore dans cent ans. Tes enfants, tes petits-enfants te remercieront d'avoir produit ce film. Alors qu'ils feront tout pour oublier *Mazel Tov*. Ils en auront honte. Ta théorie du cinéma autobiographique, c'est juste le dogme de ta radinerie. Tu joues dans tes films pour faire des économies sur l'acteur principal.

— Je vais faire un film sur mon père, lance Berri dans un éclair d'évidence. Ça sera le film de ma vie, celui de la dernière chance. Je sais pourquoi *Mazel Tov* n'a pas marché. Les gens ont besoin de vérité. Ça n'était pas assez vrai. Je n'étais pas assez impliqué.

Et voilà qu'il ressort son vieux projet, *Le Cinéma de papa*. Découpage, plan de financement, il contacte des acteurs, leur fait lire le scénario, qui apparaît à tous un peu alambiqué. Alors il réécrit, représente, et quand Rassam lui conseille de ne pas jouer son rôle dans le film, il monte une fois de plus sur ses grands chevaux :

— Je fais un cinéma autobiographique, sans concession. Je m'offre à moi-même comme sujet.

— Ça va, Montaigne, on se calme. Si Arlette avait été là, elle t'aurait dit : « Il ne suffit pas d'être autobiographique pour être sincère. »

— Je m'en fous de ce qu'Arlette aurait dit ! Elle n'avait qu'à être là si elle avait quelque chose à dire.

— En tout cas, je sais ce qu'aurait dit Maurice.

— Ça non plus je ne veux pas l'entendre.

— Maurice aurait ajouté : « Il ne suffit pas d'être sincère pour avoir du talent. »

— C'est aussi ce que tu penses, Jean-Pierre ?

— Je pense que personne n'a encore réussi à se mettre soi-même en scène, au cinéma. C'est trop difficile.

— Et Orson Welles ?

— Mais Welles ne parle pas de lui. Il n'est pas autobiographique. Il invente son personnage. Toi, tu veux être toi-même te filmant en train d'être toi-même. C'est de la folie. Il faudrait que tu saches comment les gens te voient. Personne ne sait faire ça. A part Borges. Et parce qu'il est aveugle. On ne peut pas savoir comment les gens nous voient, sinon, on deviendrait fou. Ceux à qui ça arrive, ils se suicident. Et puis, tu n'es pas Orson Welles, Claude, je te le rappelle, sans vouloir te vexer.

— Facile de critiquer quand on ne fait rien.

— Je ne fais rien ?

— Tu dépenses, ça tu sais le faire. Et à cause de toi, on va tout droit dans le mur ! Est-ce que tu sais combien je vais perdre de fric avec le film de Môssieur Rohmer ?

— Tu es presque bon quand tu parles de fric.

— Rohmer ! « Faut produire le Rohmer » ! Le génie qui ne fait que des chefs-d'œuvre…

— Oui, il ne fait que des chefs-d'œuvre. Et toi qui fous tout en l'air avec tes films autobiographiques qui n'intéressent personne. Un film vulgaire, tu as fait. Un film démagogique et con.

— Puisque tu es si fin, Jean-Pierre, si intelligent, si cultivé et avec un goût tellement supérieur, pourquoi tu ne les fais pas, toi, ces grands films de répertoire, les fameux chefs-d'œuvre dont tes neveux seront fiers ?

— Chacun son métier.

— Ah oui ? Et c'est quoi ton métier ? Producteur ? Non. Tu n'es rien. Mouche du coche. Voilà ce que tu es. Producteur, c'est un métier. Est-ce que tu as rédigé un seul contrat ? Est-ce que tu t'es occupé une seule fois de payer l'URSSAF, de négocier avec les impôts ? Tu ne sais même pas comment on rédige une facture !

— Et je ne veux pas le savoir.

— Facile. C'est moi qui le fais, ça, seul, depuis deux ans ! Parce que je suis le producteur. Parce c'est mon métier. Et mon fric. A quoi tu sers, toi ?

— Moi, je trouve les idées. Si tu les suivais un peu plus…

— J'ai envie de te casser la gueule…

— Eh bien, je crois qu'on y est, là. Il vaut mieux qu'on arrête tout. Puisque je ne fais rien, je vais aller le faire ailleurs.

Aussitôt dit, aussitôt fait. Rassam monte sa société, Vicco Films. Il loue des bureaux sur les Champs-Elysées, prend une chambre au Plaza Athénée, car c'est là qu'est l'argent, au bar, où il croise en effet tout ce que le monde arabe connaît d'émirs et de sultans en mal de distractions. Il leur annonce la couleur :

— J'ai un projet avec Godard.

La phrase magique.

Il ne sait pas quel film produire avec Godard, mais il va le produire. En attendant, il a une autre envie, plus pressante. Il s'est pris de passion pour Gérard Brach, le scénariste du *Vieil Homme et l'enfant*. Il veut produire le premier long-métrage de Gérard Brach dont l'acteur principal sera… Michel Simon ! Berri financera en partie ce bis repetita.

Aigri, capricieux, toujours aussi priapique, le vieil acteur se montre d'autant plus insupportable qu'il sent bien que le film n'est pas à la hauteur. Il leur fait vivre à tous un cauchemar.

Au résultat, un film tellement raté que Rassam fait tout pour empêcher les journalistes de le voir avant sa sortie en salle.

— Pas la peine d'en parler, les gars, c'était juste un essai, on va en faire un autre.

Gérard Brach prosteste :

— Je crois que je ne suis pas metteur en scène, c'est tout. Je n'y prends d'ailleurs aucun plaisir.

— Arrête tes conneries. Tu vas faire un autre film, Gérard !

— Si tu insistes. Mais c'est vraiment pour te faire plaisir.

Ils partent donc tourner *Le Bateau sur l'herbe*, une sorte de remake du *Couteau dans l'eau*, sans la mer, sans couteau, et sans Polanski à la manœuvre. Le film sera produit exclusivement par Rassam, Berri estimant avoir perdu assez d'argent, et de temps, avec le précédent.

Pour Rassam, l'argent n'est pas un problème, ne l'a jamais été. Mais il ne se contente plus de le dépenser, il l'investit, et c'est comme s'il avait changé d'odeur.

Produire, voilà Rassam enivré par l'essence morale de ce mot.

– 15 –

Depuis Mai 68, Godard a filmé Mick Jagger, le groupe Jefferson Airplane, les Black Panthers, les ouvriers de Flins, les grévistes en Italie, et il fonde le groupe Dziga Vertov censé le faire disparaître en tant que Jean-Luc Godard. Il veut en finir avec la dictature que lui impose sa gloire, il n'y aura plus de Jean-Luc Godard cinéaste, il n'y aura plus que des films de Dziga Vertov. Tel Cassius Clay devenu Mohammed Ali, telle Juliette Gréco avec son nouveau nez, escroquerie ou coquetterie, cela ajoute encore à son aura, à son mystère. Passé un certain seuil de célébrité, une star ne peut plus dire un mot qui ne s'ajoute au poids de cette célébrité, il ne peut plus faire un geste d'humilité sans que celui-ci ne l'élève plus encore vers la gloire, excitant toujours plus les foules fanatiques. En cherchant à s'effacer, Godard s'impose dans tous les esprits.

Pour Rassam, produire le prochain film de Godard, c'est entrer au paradis du cinéma.

— Ils ne lui ont pas laissé faire son film au Vietnam. Grâce à moi, il va tourner en Palestine.

C'est son père qui l'aidera à trouver l'argent, Thomas Rassam étant très intéressé par la chose, d'un point de vue diplomatique. Le mouvement palestinien est une pièce importante dans le commerce du pétrole, surtout depuis la guerre des Six-Jours. Après l'humiliation qu'Israël a infligée aux Arabes, la « crise du pétrole » a la saveur de la revanche. Rassam l'annonce au Flore, à La Coupole :

— Les Arabes vont reconquérir le monde qui leur a échappé de si peu, en 732, à Poitiers.

Les Palestiniens ont bon dos, ils servent toutes les causes, celle des gauchistes parisiens, des pétroliers arabes, des marchands d'armes russes et des vieux résistants gaullistes.

Avec un Godard en Palestine, Rassam est sûr de son coup, ils vont tous verser leur obole : la Ligue arabe, les Syriens, les émirs, tous les amis de papa qu'il rencontre au bar du Plaza et auxquels il fait miroiter la gloire d'un événement international, un devoir patriotique. Qu'est-ce que ça représente un ou deux millions pour ces types qui négocient des millions de barils de pétrole brut à longueur de journée ? Ils ont confiance en lui, le fils de Thomas, le protégé de Gulbenkian, il parle arabe, anglais, français, il a aussi ce talent pour leur trouver les plus belles filles, les plus gentilles, il ne les lâche pas, on ne sait jamais quand ils se décident vraiment, il faut être prêt quand l'argent arrive, parce qu'il repart aussi vite, et puis il est bien, dans cet hôtel, on lui donne du Monsieur Rassam, il prend une suite, se fait installer deux postes de télé, un grand lit spécial, il n'a plus besoin d'aller au bureau, c'est son directeur de production qui vient lui rendre les comptes à trois heures de l'après-midi, il est traité aux petits oignons, il comprend son père qui vit d'un palace à l'autre depuis trente ans, c'est pratique, efficace, confortable, luxueux, enivrant, il se sent pacha, il aime les gens qui travaillent là, serveurs comme femmes de ménage, liftiers, cuisiniers, tous, ils ont de la classe, ils savent tout, ne disent rien, sauf si on leur graisse un peu la patte, il tisse son réseau, ses informateurs lui sont dévoués corps et âme, personne n'est aussi généreux que lui, aussi fantasque et attentif, plus rien de ce qui se passe ici ne lui échappe : l'arrivée d'un émir, la réunion secrète entre le ministre des Armées du roi de Jordanie et le chef de la délégation culturelle soviétique, les femmes, les maîtresses, le pétrole, les armes, et n'oubliez pas mon film, messieurs, Godard, la Palestine, Polanski, *Voyage au bout de la nuit*, prochain festival de Cannes ! Tout le monde veut donner pour Godard, pour la Palestine : la télévision allemande, la télévision hollandaise, même Jacques Perrin y va de sa part producteur.

Godard débarque au Plaza en treillis, en Lawrence d'Arabie de la Nouvelle Vague, et pour montrer son bon état physique il traverse le hall de l'hôtel en marchant sur les mains. Il a déjà fait le coup.

— En route pour Beyrouth !

Le plus dur reste à faire : obtenir l'accord de l'OLP.

Le Time Out est le café branché de Beyrouth. Situé en bas du quartier chrétien d'Achrafieh, il occupe une vieille maison bourgeoise, avec une grande terrasse couverte de grands voiles qui protègent du soleil et de la vue des immeubles qui la cernent. Il y a plusieurs salons, à différents étages, moitié mauresques, moitié Barbès, avec des bars, on peut y manger quelques mezzés, faire baisser la musique, fumer le narguilé sous des lustres impossibles.

La Chevrolet d'Abou Hassan s'arrête devant l'entrée de la vieille maison. Il y a deux véhicules blindés de chaque côté : un devant, un derrière. Une dizaine de fedayin en sortent avec leurs pistolets, kalachnikovs, grenades. Ils montent sur la terrasse où Godard et Rassam attendent en compagnie d'une fille aux cheveux courts.

— Pas possible ici, décrète le fedayin, faut se mettre à l'intérieur.

Il les fait entrer dans un des petits salons, mais pas la fille.

— La pute, elle reste là.

Il dit ça en arabe.

La fille prend place dans un fauteuil, et sort son livre de poche racorni, *La Métamorphose*, de Kafka. Un fedayin reste à côté d'elle pour la surveiller.

Abou Hassan apparaît, accompagné de ses fedayin qui n'ont pas dix-huit ans, mais qui sont prêts à tirer.

En octobre 1969, date de cette rencontre, Abou Hassan a vingt-neuf ans, c'est le chef de la branche militaire du Fatah. Rassam devait passer par lui pour avoir l'autorisation de filmer dans les camps d'entraînement des fedayin, car Godard ne pouvait pas se contenter d'une interview de Georges Habache ou de Yasser Arafat, il lui fallait du lourd, du sur le terrain.

— Salam, s'incline Rassam devant l'homme le plus dangereux de la région. Je te présente le plus grand cinéaste français, il a fait *Le Mépris* avec Brigitte Bardot, respecté dans le monde entier. Il va donner le vrai visage de la résistance palestinienne. Rien que le titre du film : *Jusqu'à la victoire*. C'est beau non ?

— En fait, nuance Godard, le vrai titre c'est : *Méthode de pensée et de travail du mouvement de libération palestinien*.

— Pourquoi tu veux changer le titre ?

— C'est un titre-méthode. Tu dois expliquer ça à notre ami : pendant le film, nous laisserons les Palestiniens dire eux-mêmes le mot « révolution ». Traduis ça, s'il te plaît.

Rassam traduit. Abou Hassan est d'accord, pourquoi empêcherait-il les combattants de dire le mot révolution ? Mais il aimerait savoir ce que Godard veut filmer.

— Tout, dit Godard, Dziga Vertov veut tout filmer. Parce que c'est une œuvre collective, il faut qu'il sache que ce n'est pas moi qui fais le film. Précise bien ça : Godard, c'est fini.

— Il veut tout filmer, explique Rassam à Abou Hassan, comme faisait Dziga Vertov, qui filmait toute la révolution russe. Il a filmé Lénine, tout ça. Lui, c'est le Dziga Vertov de la Palestine. Il veut filmer l'entraînement de la milice, l'école des martyrs, l'école des cadres, les cliniques. Tout. Il veut filmer l'armée du peuple.

— Pour nous, reprend Godard, militant actuellement dans le cinéma, nous sommes le bras qui tient la caméra pendant que les camarades palestiniens tiennent le fusil.

Abou Hassan sourit, il demande si Godard veut faire de la propagande pour la cause palestinienne. Godard saute de joie, il a reconnu le mot « propagande » qui se prononce de la même façon en arabe.

— En effet ! Dziga Vertov fera un film de propagande. Faire de la propagande, c'est poser les problèmes sur le tapis. Un film, c'est un tapis volant qui peut aller partout, dit Godard en faisant de grands gestes aériens.

— Ce sera un film de propagande qui passera à la télé française, américaine, partout dans le monde, et aussi dans les salles de cinéma, ajoute Rassam qui ne prend plus la peine de traduire ce que dit Godard, ni même de résumer ce délire conceptuel, c'est un autre film, un autre projet qu'il raconte à Abou Hassan, un film beaucoup plus simple, héroïque, avec des scènes de guerre. Il y a trois mille salles de cinéma en France, précise Rassam.

En voyant le visage d'Abou Hassan s'illuminer, Godard se sent encouragé :

— Il faut enquêter, il faut enregistrer cette enquête et cette étude, ensuite, montrer le résultat, c'est-à-dire le montage, à d'autres combattants. Montrer le combat des fedayin à leurs frères arabes exploités par les patrons dans les usines en France. Le Fatah n'a pas besoin d'être marxiste en paroles, car il est révolutionnaire dans les faits. Le Fatah sait que : les idées changent en marchant. Le Fatah sait que : plus la marche sur Tel Aviv sera longue, plus les idées changeront, et permettront de détruire l'Etat d'Israël.

Pendant que Godard parle dans le vide, dans le couloir, la fille aux cheveux courts attend dans son fauteuil, en faisant semblant de lire son livre de poche racorni, sous le regard du jeune fedayin.

— Voilà ce que nous appelons poser politiquement le fait de faire un film politique. Notre tâche consiste à orienter ces forces contre celles de notre ennemi commun : l'impérialisme, c'est-à-dire Wall Street, le Pentagone, IBM, United Artists, etc. Le film sera montré partout. Cela dépendra de l'état actuel des luttes. Il peut être montré dans une rue d'un village du Sud : on tend un drap entre deux fenêtres, et on projette trois images dans l'ordre suivant : 1°/Fedayin en opération, 2°/Milicienne au travail dans une école, 3°/Enfants s'entraînant.

Cela signifie : 1 : lutte armée, 2 : travail politique, 3 : guerre populaire prolongée. La troisième image est finalement le résultat des deux autres. La lutte armée plus le travail politique égale : guerre populaire prolongée contre Israël. C'est aussi l'homme qui déclenche le combat plus la femme qui se transforme, qui fait sa révolution, qui donne naissance à l'enfant qui libérera la Palestine : la génération de la victoire. Mais il ne suffit pas de dire « c'est la génération de la victoire ». Il faut montrer pourquoi et comment. Un enfant israélien, on ne peut pas le montrer de la même façon. Les images qui produisent l'image d'un enfant sioniste ne sont pas les mêmes que celles d'un enfant palestinien. Tu peux lui expliquer ça ?

— Je vais essayer.

Feignant de traduire le discours de Godard, et sans se poser la question de savoir ce qu'il entend par « enfant sioniste », Rassam aborde avec Abou Hassan une question bien plus essentielle, celle de l'argent. Combien il peut obtenir de son ami Nasser pour faire ce film. Il lui faut tant, versé en Suisse, sachant que les recettes seront nombreuses, et internationales, elles pourront servir à financer partout dans le monde diverses campagnes publicitaires en faveur du Fatah. Et aussi aider les camarades en exil, des choses comme ça.

— Les pays amis doivent payer pour ce film, c'est important. Est-ce que je peux vraiment me recommander de l'autorité palestinienne pour aller voir le Premier ministre saoudien ?

— Oui, c'est d'accord. Tu auras tout ce dont tu as besoin.

Rassam se lève d'un bond, brandit son poing serré et s'exclame :

— Jusqu'à la victoire !

Godard l'imite :

— Vive la résistance palestinienne ! A bas Israël !

Abou Hassan comprend qu'il a affaire à des dingues, probablement camés à mort, il les embrasse cérémonieusement et il repart avec ses fedayin.

Rassam est fou de joie. Ils retrouvent la fille sur la terrasse et Rassam commande une bouteille de Dom Pérignon.

— Faire politiquement un film, explique Godard, c'est justement établir un rapport politique entre les images.

— Ça va, Jean-Luc, relax. Il est parti. L'affaire est dans le sac.

— C'est comme ça que la littérature et l'art peuvent devenir, comme le voulait Lénine, une petite vis vivante du mécanisme de la révolution. Parce que, depuis l'invention de la photographie, l'impérialisme a fait des films pour empêcher ceux qu'il opprimait d'en faire. Il a fait des images pour déguiser la réalité aux yeux des masses qu'il opprimait.

— Alors on va le faire, ce film ? demande la fille.

— Bien sûr qu'on va le faire, s'emporte Rassam. On n'est pas des opprimés, nous...

Ils trinquent au Dom Pérignon.

— Est-ce que tu crois que Brigitte Bardot pourrait venir faire une apparition dans le film ?

— Quoi ?

— Juste une séquence, comme dans *Masculin féminin* : tu la fous là, dans un coin, au milieu des fedayin. J'ai senti que ça ferait plaisir à Abou Hassan.

Godard voudrait bien savoir si Rassam est sérieux, il pense que non.

— Je vais réfléchir, dit-il.

Pendant que Claude Berri tourne *Le Pistonné* en Tunisie, dans le genre comique troupier autobiographique, Rassam accompagne Godard et Gorin chez les combattants du Fatah. Chacun son Orient.

Ils visitent des camps, en Jordanie, avec tout le matériel, tous les techniciens, plein pot. Leur stratégie consiste à faire entrer la résistance palestinienne dans le concept cinématographique mis au point par le groupe Dziga Vertov. Ça va durer plusieurs mois, le tournage le plus long de tous les films de Godard.

A l'époque, les Palestiniens ont constitué un Etat dans l'Etat. Et la tension est grande entre le roi Hussein de Jordanie et Yasser Arafat qui se verrait bien s'emparer du pouvoir à Amman, et construire une sorte d'Etat palestinien en exil en attendant de reconquérir les terres perdues de la Palestine après avoir foutu les Juifs à la mer. Cet aspect des choses n'intéresse pas Godard et Gorin. Pas plus qu'ils ne prêtent attention à la vie des fedayin, la peur, l'ennui, l'éloignement, le doute, la révolte contre les chefs qui les envoient au casse-pipe, tout ça passe au-dessus de la tête de nos deux Bouvard et Pécuchet maoïstes. Le problème des femmes combattantes, la question des enfants, la contestation de la hiérarchie, rien de tout cela ne les intéresse, Godard et Gorin ne font ce film que pour « poser politiquement le fait de faire un film politique où le secondaire se transforme en principal », et ils ont été bien embêtés en rentrant à Paris avec leurs deux cents heures de rushes : ils ne savent pas du tout quel film ils vont pouvoir faire avec tout ça.

Les discussions durent des jours, des semaines, Isabelle Pons met son grain de sel, bien sûr, Rassam un peu, et d'autres grands penseurs se penchent sur le berceau du monstre, ils font des essais, pour aussitôt les défaire, et pendant qu'ils coupent, collent et décollent la pellicule, le roi Hussein de Jordanie décide d'en finir avec cette armée palestinienne qui occupe son territoire.

Le 1er septembre 1970, il échappe à un attentat organisé par Abou Hassan. Cinq jours plus tard, Leila Khaled, membre du FPLP difficilement intégré à l'organisation d'Arafat, détourne quatre avions de ligne. Les avions se posent à Zarka, en Jordanie. Il y a 125 otages. On négocie, et finalement, l'armée jordanienne prend d'assaut l'hôtel où sont détenus les otages occidentaux et les libèrent. Les pirates de l'air, comme on les appelle encore gentiment, font sauter les avions sous les yeux de la presse internationale.

C'est le prétexte qu'attendait le roi Hussein pour lancer une grande opération contre les Palestiniens, il fait bombarder leur QG, et attaque les camps. Dix mille Palestiniens, ou vingt-cinq mille, ça dépend qui l'annonce, meurent au cours de ces opérations qui mettent fin aux prétentions de l'OLP sur la Jordanie.

Abou Hassan perd la plupart de ses hommes dans ce massacre, notamment tous ceux qui ont figuré dans le film de Godard. *Jusqu'à la victoire* avait déjà du mal à trouver son sens, il n'est plus qu'un mausolée.

Les rescapés sont repoussés par les Syriens et trouvent finalement refuge au Liban, terre d'accueil de toutes les guerres présentes et à venir du Moyen-Orient.

Abou Hassan est chargé par Arafat d'organiser la vengeance du massacre des fedayin. Il fonde le mouvement Septembre noir qui sauvera l'honneur des Palestiniens en en faisant, quelle trouvaille, des terroristes.

Il est immense le décalage entre les disputes picrocholines de Godard et Gorin autour du cinéma militant propalestinien et ce qui se passe sur le terrain. Tragique, le visage de ces fedayin qui ne sont plus aujourd'hui que des fantômes.

Assommés par cet effet de réalité, nos deux compères abandonnent en cours de route ce qui devait être le premier film réalisé par Dziga Vertov. Tant pis pour la Palestine ! Ils sont sur une autre piste : en route vers les Etats-Unis en compagnie de Rassam qui a rempli plusieurs valises d'argent pour essayer de convaincre les Américains de produire un film sur la mafia.

Est-ce le talent de Guy Bedos, la présence fugitive pour la première fois à l'écran de Coluche, ou la discrétion de Claude Berri qui, cette fois, ne s'est attribué que le petit rôle du médecin militaire ? En tout cas, *Le Pistonné* est un succès : près de deux millions d'entrées. Il confirme Berri dans sa vocation autobiographique. Sa vie intéresse le public, il faut continuer, aller plus loin dans la vérité, jusqu'à atteindre la limite de la franchise vis-à-vis de ce qu'il appelle désormais son « moi ».

Le temps est venu de réaliser le grand projet de sa vie, celui qui constitue sa raison de faire du cinéma : *Le Cinéma de papa*. Le scénario est presque écrit. Rire et nostalgie. Sincérité et tendresse. Bref, la même recette que pour *Le Vieil Homme et l'enfant*. Dans le rôle de Hirsch, Yves Robert. Dans le rôle de Beila, Hénia Suchar, une parfaite inconnue. Pour le rôle de Claude enfant, Berri reprend Alain Cohen, le gosse du *Vieil homme et l'enfant*, et pour jouer Claude adulte, Berri s'y colle.

— Ne fais pas ça, Claude ! Prends une vedette. Reprends Bedos !

Lebovici lui propose même Belmondo, Berri ne veut rien entendre. Il s'entête, il s'isole, et pour être libre, ne pas avoir à en référer à ses partenaires de Renn Productions, en l'occurrence cette famille qui commence vraiment à lui sortir par les trous de nez, il fonde une autre maison de production : Papa's Cinema.

Berri y investit beaucoup d'argent, son crédit auprès des banques, des distributeurs, des exploitants, et son crédit en tant que cinéaste, en annonçant qu'il s'agit du film de sa vie. Il tourne en été, il entrera en salle de montage en septembre.

– 16 –

En se présentant à la projection du *Cinéma de papa* Rassam et Pialat ne pouvaient ignorer que Beila serait là, et qu'elle les empêcherait d'entrer. C'est exactement ce qui se passe.

— Foutez le camp !

— Vous n'allez pas me frapper ?

— Et comment !

— Vieille conne !...

— Il m'a traitée de conne ! Claude ! Fais quelque chose !

— Allez, viens, Maurice, on se casse de cette famille de cinglés.

— Pas question. Je veux voir ce film. Je veux savoir ce que Claude a fait de cette histoire.

— Tu veux contrôler mon film, c'est ça ?

— Pourquoi pas ?

— Fous le camp !

— Arrête, Claude.

— Il m'a traitée de conne ! Fous-le dehors. Va-t'en, salaud, maquereau ! Je te crache dessus, tiens !

Anne-Marie qui essayait de rester à l'écart se jette sur son mari qui s'apprêtait à frapper son frère avec la boîte du film. La bagarre est générale, gifles, coups de poing, on se griffe le visage et on s'arrache les cheveux, on saigne du nez, c'est du Grand-Guignol.

Maurice, Jean-Pierre et Anne-Marie renoncent finalement à voir le film, mais pour Pialat, c'est décidé : il ne travaillera plus jamais avec Berri. Il trouvera un autre producteur, qu'il n'a d'ailleurs pas à chercher bien loin : Rassam va s'en charger, et avec joie.

Berri voulait produire *Nous ne vieillirons pas ensemble*, il croit au talent de Pialat, douloureusement mais il y croit, on sait qu'il a été le premier à croire en cet homme qu'il considère aujourd'hui comme un salaud. Anne-Marie aussi défend Maurice, elle pousse son mari à produire ce film, sans parler d'Arlette qui en a écrit le scénario. Ce film, c'était aussi l'espoir d'une réconciliation entre les deux beaux-frères.

Claude avait lui-même appelé Marlène Jobert, son ancienne maîtresse, son premier amour, devenue grande star, pour lui parler du film. Elle n'avait rien compris au scénario, et l'avait d'abord refusé, considérant qu'un tel rôle n'était pas dans ses cordes, et ferait de l'ombre à sa carrière. Berri l'avait convaincue du contraire. Avec une telle vedette au générique, le montage financier du film n'était plus qu'une formalité. Tout le travail était fait, et c'est avec ce travail que Maurice, le triple traître, l'expert en tromperies, partait chez son rival. Peut-il imaginer que Rassam se soit laissé manipuler par Pialat ? Difficile. Pour autant, il ne croit pas que ce coup-là ait été monté par Rassam. Jean-Pierre a peut-être sauté sur l'occasion qui lui était offerte de produire un vrai film, pas un Brach immontrable, pas un Godard insortable, un film avec des acteurs en vogue, dirigés par un grand metteur en scène, avec un scénario qui, sous des apparences audacieuses, n'est jamais qu'un vaudeville en voiture.

Non, se dit Claude, c'est Pialat qui a tout manigancé, en tout cas au départ. Et puis, peu importe. Il doit enfin admettre ce que sa mère tente de lui expliquer depuis des mois : Jean-Pierre veut devenir producteur pour se mesurer à lui, lui reprendre sa sœur, mettre la main sur le petit Julien, car c'est un malade, un salaud, un incestueux, et de plus en plus camé.

— Tu dois exiger de ta femme qu'elle cesse de voir son frère, et surtout qu'il n'approche plus ton gosse.

Julien, qui vient d'avoir deux ans, est devenu l'objet central de la rivalité entre les deux beaux-frères ; c'est à qui l'aimera le plus, le gâtera le plus, jusqu'à le pourrir de manière irréversible :

— C'est ça que vous cherchez ? accuse Anne-Marie.

Nouvelle engueulade, les grand-mères s'en mêlent, on menace, on part en crise de larmes, Anne-Marie commence à en avoir assez de faire la poule entre les deux coqs. Elle annonce des bonnes et des mauvaises nouvelles à son mari :

— Je suis enceinte.

— Oh ! Mon amour.
— J'ai un amant. C'est un acteur. Je l'aime.
— Tu es enceinte de lui ?
— Non. De toi.
— Alors tout va bien.
— Oui. Je vais aller vivre avec lui.
— Non !

Le Cinéma de papa sort en février 1971. Avec moins de neuf mille entrées en première semaine à Paris, c'est le plus gros échec commercial de la carrière de Claude Berri. A cause du titre, du sujet, des acteurs ? Qu'est-ce qui fait qu'un film est rejeté par le public alors qu'il ne l'a pas encore vu ?

Berri croyait tout rafler en étant le seul producteur, il se retrouve le seul endetté, et jusqu'au cou.

— Tu n'as jamais été bon pour les coups de poker, lui rappelle Rassam.

Les critiques qui paraissent dans les journaux ne lui remontent pas le moral, elles sont au mieux condescendantes, au pire inexistantes. Les exploitants sortent le film de leur salle pour le remplacer par *La Grande Java*, de Philippe Clair, avec Francis Blanche et les Charlots, « ces Beatles à la portée des classes primaires ». Ecrit en quelques jours, littéralement sur un coin de table, ce film est sacré par la critique unanime comme un summum de vulgarité, à désespérer du cinéma, à désespérer Berri qui ne comprend pas pourquoi cette prétendue comédie fait rire les gens et pas son film. Pourquoi Francis

Blanche et ces Charlots font entrer plus de trois millions de personnes, tandis que le distingué Yves Robert et ce beau sujet filial font fuir le public.

A défaut de comprendre pourquoi, il faut qu'il sache comment : il regarde plusieurs fois ce film, ça fait mal, mais à force de voir et revoir, il se sent capable de faire aussi bien, aussi nul, s'il le faut. Il veut réussir, gagner de l'argent. Retrouver le moral, la grâce, l'amour d'Anne-Marie, la faire revenir pour accoucher de leur enfant, c'est de la folie, sinon. Il va la reconquérir par tous les moyens. L'argent en fait partie, le succès, la gentillesse, il est prêt à tout essayer. Il pourrait faire un film sur cette histoire. Le film de la trahison, se plaindra-t-il sur le divan de son Lacan à cinq cents balles le quart d'heure :

— Après Maurice, après Arlette, c'est Jean-Pierre, je serai toujours trahi par un ami, un frère, une sœur ou une femme, ils me ramèneront tous plus bas que terre pour me faire payer quoi ? L'amour que j'ai pour eux ? Ma gentillesse ? Je suis trop gentil, c'est ça ?

— Hmm.

— Et pas assez méfiant. Je vais l'être. Et envers moi-même.

— Hmm.

— Est-ce que j'ai du talent ? Est-ce que je pourrai réaliser un jour le film que mon père attendait de moi ? Le grand film. Qu'est-ce qui m'en empêche ?

— L'argent, dit Lacan.

— Ah bon ? C'est déjà fini ?

Berri se lève, paie la séance, et continue son analyse sur le trottoir de la rue de Lille.

Le voilà regonflé à bloc, assez pour s'occuper à nouveau du *Cinéma de papa*, c'est-à-dire sauver ce qui peut l'être encore, il doit mouiller sa chemise, comme on dit, en appelant lui-même tous les journalistes, à commencer par ceux qui n'ont pas aimé le film et qui deux ans plus tôt tressaient des lauriers au *Vieil Homme* : « Tu dois parler de mon film, Remo, c'est un vibrant hommage au cinéma, à celui que tu aimes ! Dis-le à l'antenne ! Et toi, Samuel, tu dois défendre le cinéma d'auteur, c'est dans la ligne, tu sais bien que papa votait communiste ! Ah, Jean-Louis, écoute-moi, c'est le film de ma vie. Je l'ai écrit en pleurant ! Tout est vrai. Il faut l'écrire. Il faut le dire au "Masque et la Plume". Merci. Je vous revaudrai ça, les gars ! »

Il organise des débats, donne des interviews, et suggère à Claude-Jean Philippe, producteur à l'ORTF, de faire un portrait de lui pour une grande émission qui passerait à une bonne heure d'écoute.

— On a déjà fait un portrait de toi, Claude.

— On en refait un en mieux, en plus long, en plus fouillé. Un où je dis vraiment les choses. Tu vas voir. Tu ne le regretteras pas.

— Bon.

C'est Monique Lefèvre qui s'y colle, elle va monter une véritable enquête sur le bonhomme, en interrogeant Beila que Berri a eu toutes les peines du monde à convaincre d'accepter de se montrer. Monique Lefèvre et son équipe se rendent ensuite du côté de Grenoble, où Berri a été caché pendant la guerre. Elle rencontre la famille d'accueil, celle du vieil homme.

« Où finit le cinéma commence la vie », c'est le titre de l'émission « Dossier souvenirs », consacrée ce soir-là à Claude Berri. Elle est diffusée sur la seconde chaîne, Rassam ne veut pas rater ça, il a invité Maurice et Arlette au Plaza pour regarder l'émission ensemble. Mais Pialat arrive seul. Rassam est un peu déçu :

— J'ai l'impression qu'elle ne m'aime pas beaucoup, Arlette.

— L'idée de regarder une émission sur son frère, avec nous qui n'allons pas arrêter d'en dire du mal, ça ne l'a pas attirée. Parce qu'on va en dire du mal, n'est-ce pas ?

— On va se régaler. J'ai fait monter du haut-brion 56 ! J'ai l'impression qu'on va bien se marrer.

— Arlette est une fille qui n'aime pas tellement « bien se marrer ».

— Vous vous êtes encore engueulés ?

— Exact.

A l'époque, tout en essayant d'écrire le scénario de *Nous ne vieillirons pas ensemble*, Pialat a reçu la commande de *La Maison des bois*, une série pour la télévision. Encore une histoire d'enfants réfugiés pendant la guerre. Nouvelle réponse au *Vieil Homme et l'enfant* ? Arlette participe à l'adaptation du scénario de René Wheeler. Cette commande les sort un peu de la dèche, d'autant qu'Arlette participe au montage. Petit salaire en plus.

Pour l'écriture du « grand film », ça se passe beaucoup moins bien. Pialat a enregistré son histoire avec sa femme et sa maîtresse au magnéto, Arlette doit retranscrire et imaginer le film que ça pourrait faire. Un jour, Pialat trouve son travail formidable, le lendemain lui envoie le texte à travers la gueule. Arlette en est à la énième version de ce scénario qui lui sort par les yeux. Au sens propre, car elle pleure beaucoup. Ecrire les anciennes histoires d'amour de son amant, elle a trouvé ça passionnant au début, et puis ça l'a minée. Il est probable que ce soir-là, elle en ait eu marre de se faire traiter de nulle, de conne, et toute la liste.

De son côté, Rassam aimerait bien voir ce scénario aboutir, car le tournage est prévu pour septembre, ils ne pourront pas le retarder, sous peine de perdre les vedettes, et donc le financement du film.

— Je peux demander à Brach de vous donner un coup de main, si tu veux.

— Surtout pas. Elle va y arriver. Il faut qu'elle y arrive. Elle est comme son frère : beaucoup de talent, bosseuse comme pas deux, mais pas courageuse, elle n'arrive pas à toucher au nerf.

— Faut la pousser.

— Je la pousse, t'imagines pas comme je la pousse.

Rassam ouvre le haut-brion.

Le générique de l'émission défile sur une musique tzigane. Les Langmann sont roumains d'origine, ça doit être pour ça.

Berri apparaît, vautré dans un canapé, une cigarette à la main, la cravate desserrée. Il veut se donner un air décontracté, il fait plutôt débraillé, plus fripier qu'artiste.

— *Je suis né passage du Désir.*

Il laisse malicieusement le temps aux signifiants de se former dans la tête des téléspectateurs, car depuis qu'Anne-Marie l'a quitté, il fait une psychanalyse et pas avec n'importe qui.

— *Passage du Désir, oui, je pense que c'est un endroit prédestiné... pour naître... Je pense que je suis un enfant né du désir et que cela a conditionné, marqué toute ma vie. Oui, je devais naître dans ce passage.*

Après un extrait du film, Claude Berri raconte comment ils sont partis se cacher à Caluire, chez une femme, une veuve, et comment il s'est fait traiter de sale Juif par un de ses petits camarades, à la sortie de l'école. Monique Lefèvre, la réalisatrice du portrait, s'est rendue sur place, elle a même emmené avec elle Beila Langmann. Et elle interroge Mme Letournel :

— *Vous êtes donc la Raymonde du film de Claude Berri ?*

— *Oui, madame.*

— *Et vous aviez connu M. et Mme Langmann comment ?*

— *Pour une réparation de col. Comme M. Langmann était fourreur...*

Mme Letournel raconte comment ils ont pris les Langmann chez eux, en 42, du côté de Lyon. Et puis c'est devenu dangereux, fin 43. Elle avait reçu des lettres dans lesquelles on menaçait de la dénoncer, lui prédisant qu'elle finirait comme les Juifs qu'elle cachait : fusillés au fort Montluc. Ils ont alors pris la décision d'envoyer Claude à la montagne, en sécurité, chez le père de Raymonde Letournel.

L'équipe de la télé se retrouve devant la maison où Berri a passé ces quelques mois à attendre la fin de la guerre. Mais ce n'est pas la maison dans laquelle Berri a tourné le film ; la maison du vieil homme ne collait pas au souvenir que Berri s'en était fait, il la trouvait trop grande, trop propre, il en a donc choisi une autre, plus modeste, plus proche du souvenir qu'il en avait, explique-t-il.

Monique Lefèvre interroge la belle-fille du « Vieil Homme » :

— *C'est donc bien votre beau-père, le vieil homme interprété par Michel Simon dans le film de Claude Berri ?*

— *Heu... oui. Sauf que toute la famille savait que Claude était juif. Mon beau-père, mon mari, ma belle-mère et moi-même. Nous l'avons toujours su et nos beaux-parents ne sont pas du tout antisémites. On savait très bien ce qu'on faisait et les risques qu'on prenait en gardant un enfant chez nous. Nous n'avons pas cette mentalité. Il a exagéré certains sentiments. Et ce qui est regrettable, c'est qu'il ait conservé les noms de notre famille. En nous attribuant d'autres sentiments. Qui sont plutôt les siens que les nôtres.*

Pialat sourit, s'étire, jubile :

— Donc, le vieux savait. Tiens donc.

— Quand on y réfléchit deux minutes, c'est évident. En pleine guerre, à Grenoble, on lui demande de cacher un enfant et il ne se doute pas que cet enfant est juif ? C'est absurde.

— Et tout le monde a gobé ça.

— Nous en tête.

— Quel escroc, s'indigne Maurice.

— Quel génie, rétorque Jean-Pierre.

— Ah, tu trouves ?

— C'est un film : il raconte ce qu'il veut.

— Le problème c'est qu'il a nous vendu ça comme un film autobiographique. Pourquoi il a fait ça ?

— Tu viens de le dire : pour le vendre. Sans cet effet comique, il n'y a plus de film.

— Je veux bien, mais pourquoi dire que le vieux ne savait pas qu'il était juif ? Pourquoi dit-il que c'est autobiographique alors que ça ne l'est pas ?

— Je te répète : parce qu'il sait comment vendre son film. Et toi aussi, Maurice, il va falloir que tu apprennes à vendre ton film. Si tu avais dit que tu étais un enfant de l'Assistance, ton film aurait peut-être un peu mieux marché.

— Mais je ne suis pas un enfant de l'Assistance !

— Quelle importance ? Tu fais un film sur les gosses de l'Assistance, c'est mieux si tu es de l'Assistance, ça émeut, ça authentifie. Pourquoi t'en priver ?

— Tu as raison, c'est un métier de pute, il faut faire sa pute. J'ai un peu de mal, c'est tout.

— Ça n'a rien à voir avec la prostitution, Maurice, c'est de la publicité. Sois un peu commercial, comme lui.

— Il n'est pas commercial, il croit à son histoire. Ça, j'en suis sûr. C'est connu, la fabrication des faux souvenirs tragiques. Notamment chez les pseudo-déportés, les soi-disant femmes violées dans leur enfance : ils peuvent te raconter des trucs avec les détails les plus convaincants, ils présentent même les symptômes du traumatisme qu'ils n'ont pas subi.

— Rien n'interdit de mentir dans un roman autobiographique, il n'y a pas une proportion autorisée de réel à l'intérieur d'une fiction. Et dans un film, c'est pareil. J'irais encore plus loin : la promotion de l'œuvre fait partie de l'œuvre, elle prolonge le spectacle, elle raconte une autre histoire, un nouveau conte. Quand il m'a parlé de son film, j'ai eu un doute, mais je savais que si j'avais envie d'y croire, le public aussi aurait envie d'y croire.

— Donc, tu n'as pas été dupe ?

— Disons que je croyais être complice de la duperie. Mais je ne savais pas en quoi consistait la duperie.

— Un peu tordu, ton truc.

— Il faudrait demander à Gérard. C'est quand même lui qui a écrit le scénario. Il doit savoir.

Ils sortent, avec leur bouteille de haut-brion, et se rendent chez Gérard Brach.

— Est-ce que tu savais, Gérard, que le vieil homme n'était pas du tout antisémite ?

— En termes d'antisémitisme « pas du tout » n'existe pas. On est un peu beaucoup passionnément, mais jamais « pas du tout antisémite ». D'ailleurs, il n'y a que les antisémites pour se dire « pas du tout antisémites ».

— OK, ça va. Est-ce que le vieux savait que Claude était juif ?

— Je n'en sais rien. Quelle importance ?

— Mais qui l'a écrit, ce scénario ?

— Claude n'a pas gardé grand-chose de ce que j'avais fait. Claude avait écrit des répliques beaucoup plus dures, que Michel Simon n'a pas voulu dire. Notamment la dernière, quand les parents viennent rechercher le gosse à la fin de la guerre. Le vieil homme embrassait le gosse et il lui disait : « Maintenant, les Juifs vont revenir. » Michel Simon n'a pas voulu dire ça. Il avait eu des ennuis à la Libération, il avait peut-être peur que ça recommence, c'était déjà un vieux monsieur, soixante-dix ans. Claude a cédé, je crois qu'il a bien fait.

— Comment lui est venue l'idée de cette supercherie ?

— Pas comme ça. Il ne s'est pas dit : je vais baiser tout le monde avec cette histoire de vieux qui ne sait pas que le gosse est juif. Je crois que l'idée du petit garçon frondeur, c'est le grand fantasme de Claude. Il n'a jamais été cet enfant-là. En faisant le film, il s'est coulé dans ce personnage. Ou plutôt, il s'est rêvé dedans. Et il n'a plus voulu en sortir. Alors, quand on l'interroge sur les rapports entre le film et la réalité, il affirme que tout est strictement autobiographique. Il est devenu le petit garçon héroïque qu'il a inventé. C'est assez courant comme phénomène. Au début, quand je l'entendais raconter ses exploits de gosse résistant, je me demandais quand il allait craquer, quand est-ce qu'il allait dire stop.

— Jamais, s'indigne Pialat.

— Ben oui, j'ai compris qu'il ne le dirait jamais.

— C'est dégueulasse.

— Pourquoi ça serait dégueulasse ?

— Par rapport à la vérité. Et puis merde, pour la réputation de cette famille qu'il a fait passer pour des antisémites et des imbéciles. C'est dégueulasse.

— Maurice ! Allons. C'est donc ça qui t'empêche d'écrire ton scénario : la peur de faire du mal aux gens ? Et je comprends pourquoi tu demandes à Arlette de l'écrire à ta place. Le problème de l'écriture, ce n'est pas la vérité, c'est le courage. Il faut du courage. Un écrivain, c'est un type qui a le courage d'être un peu, beaucoup, passionnément dégueulasse. Claude a eu du courage. Il avait besoin de faire ce film pour se libérer d'un poids. Au détriment de certaines personnes, oui, bon, c'est comme ça.

— Quel poids, demande Jean-Pierre, c'est quoi cette plainte ? Encore un truc juif, c'est ça ?

— Oui. Pas seulement. Juif. Français. Et de cette époque. Maurice sait de quoi je veux parler, c'était une ambiance très particulière, l'immédiate après-guerre, la surenchère héroïque des résistants de la dernière heure, la honte des STO, le retour des déportés, la compassion poisseuse des anciens délateurs… Les communistes qui voulaient du sang, de Gaulle qui n'en voulait pas autant, les religieux hystérisés, les sionistes qui recrutaient, il faut imaginer Claude dans tout ça : il a dix ans, c'est la Libération, il retrouve son quartier à moitié vidé de sa population juive, tandis que lui, épargné, n'a même pas eu un parent déporté. Claude a toujours été protégé, gâté, heureux parmi les malheureux, écoutant les récits à vomir des rescapés, des orphelins. Bon, il a été traité de sale Juif, il a dû changer de nom, on l'a séparé de ses parents, mais il s'est retrouvé avec un vieux super sympa, à la campagne.

— Avec des poulets !

— Et zéro exploit à raconter aux copains. Alors il s'est senti obligé d'inventer une forme d'héroïsme à lui, à sa taille, modeste mais efficace : « J'ai passé six mois chez un vieux, un vieux Français, un vieux Français antisémite. » Mais il sentait bien que ça ne faisait pas le poids. Le film a servi à ça, seulement maintenant, il est à la fois libéré et enfermé dans son mythe, il vaut mieux pour lui ne pas en sortir. Ça n'a pas tellement d'importance, au fond.

— Pas sûr, dit Jean-Pierre chez qui la colère est montée au fur et à mesure que le haut-brion descendait. A mon avis, les gens vont réagir à l'émission de ce soir.

— Ça m'étonnerait. Claude est un monsieur inattaquable, celui qui a révélé le malheur des enfants juifs pendant la guerre.

— Il y a la force de la vérité.

— Celle-là ne passera pas. Tu pourras raconter tout ce que tu veux, faire tous les portraits à charge que tu veux, aller interroger la terre entière, et apporter des preuves, ils finiront par le mettre au Panthéon. Entre ici, Claude Berri et ton cortège d'ombres !

— Eh bien moi, je te dis que c'est le début de la fin pour lui. Et je vais tout faire pour. Tu vas voir. Je vais appeler *France-Soir*. Faut les pousser, les journalistes, ils n'ont aucune idée. Je vois ça en gros : « Berri l'imposteur », « Toute la vérité sur *Le Vieil Homme et l'enfant* », « Le film qui vous a mystifiés » !

— Qu'est-ce qui t'arrive ? Tout à l'heure tu le défendais, tu le trouvais génial. Tellement vendeur. Délicieusement cynique…

— Maintenant, ça me fait chier.

Après cette soirée, Pialat reprend le scénario écrit par Arlette et le fout à la poubelle. Il le réécrit en moins de trois semaines. Rassam peut alors lancer la production de *Nous ne vieillirons pas ensemble*.

– 17 –

Thomas Langmann a un jour et demi. Il fait le bonheur de toute la famille à l'exception de son grand frère Julien, âgé de trois ans, qui trouve que son grand-père, revenu de ses contrées lointaines pour l'occasion, s'intéresse un peu trop à ce nouveau venu. Julien cherche à capter son attention et il y arrive assez facilement, ses yeux bleus ne laissant pas de fasciner Thomas.

— C'est ton portrait craché, affirme Jean-Pierre. Au début, tout le monde a dit : « Ça va passer, les yeux bleus, ils peuvent devenir marron. » Est-ce qu'il a les yeux marron ? Non. Il a tes yeux. Et pas seulement tes yeux. Quand j'ai dit qu'il avait ton caractère, on s'est foutu de ma gueule. Et maintenant, tu entends comme il parle ? C'est toi en miniature. D'ailleurs il sait déjà compter jusqu'à dix. Il va bientôt apprendre à lire, c'est un génie, pas d'autre mot.

— Vous allez le baptiser à quelle église ?

— N'importe laquelle, soupire Anne-Marie du fond de son lit de parturiente.

Elle est revenue au foyer par devoir, mais continue de tenir la main de son amant, de la serrer très fort, le suppliant de ne pas s'enfuir, ne pas l'abandonner à cette furie familiale : cinquante personnes dans la maison qui savent toutes ce qu'elle doit faire, et comment, et quand.

— Mais vous allez bientôt le baptiser ?

— Ce n'est pas encore décidé, papa ! Arrête avec ça !

— Calme-toi, Anne-Marie, papa a peur que le père de l'enfant se lance dans un film autobiographique sur la circoncision. Il suffit de le rassurer sur ce point.

— Oh, merde, tu vas pas recommencer !

— Qu'est-ce qui se passe ici ?

— On a des divergences, papa...

— Je n'aime pas ça.

C'est la grande explication au sein de la famille Rassam-Langmann ; l'argent, les films ratés, les enfants, le grand public, les vedettes pas les vedettes.

— Il faut des films qui fassent rire, dit Thomas qui se révèle soudain un grand connaisseur du cinéma, des films qui font pleurer, ou qui font peur, ou tout ça en même temps, mais énormément, car le cinéma est fait pour tout le monde, pas seulement pour les gens intelligents.

— Ton père a raison, s'écrie Claude qui pense avoir trouvé en son beau-père un allié. Ça emmerde les gens, l'intelligence.

— L'intelligence emmerde les gens ? Mais de quoi tu parles ?

— Godard ! Par exemple. Ce mec emmerde tout le monde avec sa pseudo-intelligence.

— Ta gueule ! Le nom de Godard ne devrait même pas sortir de ta bouche ! Moi, je produis les films de Godard ! Des films intelligents qui emmerdent tout le monde avec leur intelligence. Des films difficiles à faire, oui, difficiles à faire comprendre, aussi. La difficulté, mon gars, ça ne me fait pas peur ! Je produirai Pialat, Rohmer, Bresson, Garrel, tous les difficiles intelligents.

— Je les ai connus avant toi, Jean-Pierre, et je ne t'ai pas attendu pour savoir ce qu'ils valaient. Toi, tu ne regardes même pas leurs films. Tu as besoin de Maurice pour savoir ce qui est bien ou pas. Tu ne parles pas, tu débites du Godard.

— Tu es fini, Claude. Tu as tout raté parce que tout ce que tu as fait est bidon, faux, et laid. Extraordinairement laid. Tu es laid ! Tu me débectes ! Et ne prononce plus jamais le nom de Godard devant moi !

— Jean-Pierre, ça suffit ! Claude, reste là, Jean-Pierre va s'excuser.

— Mon cul !

— Mes enfants ! Mes enfants !

Claude marche dans les rues de Neuilly à grands pas, s'éloignant le plus vite qu'il peut de cette maison, de ces gens, de cette famille dont il mesure la folie, la méchanceté, le pouvoir aussi, parce qu'ils ont de l'argent, ils sont libres. Est-ce que je dois accepter de me faire cracher dessus par ce révolutionnaire de salon ce fils à papa c'est facile pour lui de faire des films des bides des Godard il s'en fout de perdre du fric papa sera toujours là pour laisser une valise de dollars avant de repartir dans ses champs de pétrole toujours un émir pour lui laisser un chèque de la Ligue arabe au bar du Plaza moi l'argent je le gagne avec la recette de mes films et je le claque pas en bouteilles de haut-brion et en voyages à New York en première je compte moi je compte pour assurer l'avenir de mes fils éventuellement de leur mère si elle revient si elle quitte son amant ce qu'elle a promis de faire comment la croire j'ai tant de fois été trahi je dois devenir méchant riche faire des films n'importe lesquels mais des films qui rapportent je ne sais rien faire d'autre que des films bons ou mauvais je ne connais pas d'autre métier que le cinéma je dois prendre des risques c'est un métier de risques je déteste prendre des risques c'est contre ma nature je me force je me force toujours va savoir pourquoi je ne suis pas magnifique insolent grand seigneur Solal pourquoi je suis Adrien Deume juif indigne pourquoi je n'ai pas d'argent et pas d'humour pas cet humour ravageur qui les fait tellement mouiller ces connes ma sœur en tête ma femme et les autres femmes toutes Anne-Marie Anne-Marie il faut que tu reviennes Anne-Marie ça suffit assez d'échecs assez de défaites je vais gagner du fric et te reprendre et ce fric je vais aller le chercher dans la merde dans les films de merde dans ce qui me débecte le plus parce que c'est là où est le public l'autre salopard qui me parle de ses films difficiles ce qui est vraiment difficile dans le cinéma c'est d'aller chercher l'argent là où il est ça c'est difficile très difficile de faire ces films que personne ne veut faire et que le public attend des films pornos des films comiques avec les Charlots parce que c'est ça que les gens veulent voir et pas Jean-Pierre Léaud pas Juliet Berto c'est les Charlots c'est de Funès il faut faire des films avec les Charlots je vais faire des films vulgaires encore plus vulgaires que les autres et j'emmerde le bon goût de la famille Rassam c'est décidé c'est parti je vais en faire du fric et du fric et avec ce fric j'en ferai des films intelligents et difficiles des films comme il faut pour aller à Cannes recevoir les grands prix les honneurs facile très facile de faire ces films difficiles.

Il appelle Zidi, il rencontre Fechner, une nouvelle vie commence. Et pour Jean-Pierre aussi, qui est libre, détaché de celui dont il n'était que le beau-frère, le voilà animé d'un nouveau désir de vaincre, d'écraser.

Un homme peut avoir envie de réussir et descendre très bas, encore plus bas, il y a toujours un moment où il rencontre physiquement la limite de ses capacités d'abjection, toujours un moment où il touche le fond de son dégoût, et c'est à ce moment-là qu'il identifie les fondements de sa morale. Les principes de Berri s'arrêtent où ceux de Rassam commencent : ils feront tout à l'inverse de l'autre, moins par goût que par défi.

Pendant que Berri discute avec Fechner sur la production du prochain film des Charlots, Rassam s'en va trouver Lebovici, et sans prendre une longue cuiller, il propose à l'incontournable agent des stars un historique arrangement :

— J'ai l'argent, les idées, tu as les stars, à nous deux on tient tout le cinéma français, et on impose nos films aux distributeurs.

Lebovici n'est pas homme à se laisser dicter des stratégies. L'homme d'extrême gauche, imprégné de cette « morale d'instituteur » que méprise tant Rassam, l'éditeur de Guy Debord et de ses pamphlets incendiaires contre la société de consommation est, par ailleurs, animé d'une avidité insatiable : si Rassam veut dépenser son fric pour engager ses stars, il est prêt à travailler avec lui. Berri comprendra, et s'il ne comprend pas, s'il prend ça pour une trahison, tant pis pour lui.

— Alors alors ? Qu'est-ce que tu as en magasin, monsieur le marchand d'esclaves ?

C'est ainsi qu'ils se mettent d'accord sur Yves Montand et Jane Fonda pour tourner le prochain film de Godard qui, après sa déroute palestinienne, s'est laissé convaincre par Rassam de revenir à un cinéma plus montrable, plus vendable.

S'il y a un acteur que les Français adorent, à cette époque, c'est bien Yves Montand. Il est de gauche, populaire, commercial et bien-pensant, il fait feu de tout bois : *L'Aveu* contre le stalinisme, *Z* contre les colonels grecs, *Le Cercle rouge* avec Delon et Melville, il ne crache pas non plus dans la soupe comique puisqu'il vient de tourner *La Folie des grandeurs* avec de Funès. Entre Claude Sautet et Gérard Oury, l'acteur préféré des Français, un président de la République en puissance. Godard sera la dernière corde à son arc, celle de cette Nouvelle Vague à côté de laquelle il est passé.

S'il y a une actrice que les Français adorent, c'est Jane Fonda. Belle avec Delon, sublimement cruche dans *Barbarella*, le film de son mari, Roger Vadim, elle a tout pour plaire.

Fonda, Montand, Godard, avec un casting pareil, Rassam est sûr d'intéresser les Arabes qui traînent au bar du Plaza. Sur la Croisette où le festival de Cannes débute demain soir, il obtiendra un accord de distribution avec la Gaumont et la Paramount.

C'est vraiment un plaisir de traiter avec un type comme Lebovici ; le mépris étant réciproque, les deux hommes s'entendent sur l'essentiel : le fric.

Rassam organise une rencontre entre Godard, Montand et Lebovici au Fouquet's. La veille encore, ils se seraient traités de renégat, de gauchiste irresponsable et de social-traître, ils se seraient envoyé des verres de whisky à la gueule comme ça se fait à la terrasse du Flore. La lutte des classes ne résiste pas à un cachet de cinq cent mille francs lourds.

Le sujet du film, Rassam ne veut même pas le connaître, on sait l'estime qu'il porte aux scénarios et ça tombe bien puisque Godard refuse d'en écrire. C'est d'ailleurs ce qui manque de faire échouer l'opération, Yves Montand exigeant au moins un semblant de synopsis.

— L'histoire du film c'est l'état actuel des choses, explique Godard.

— Tu as un titre ?

— Du calme, tout va bien.

— *Tout va bien* ? Ça me plaît.

Une occupation d'usine ? L'ancien compagnon de route du Parti ne peut demeurer insensible à ce grand fantasme prolétarien, Godard le sait, il emporte le morceau. Montand signe. Et si Montand signe, Jane Fonda le suit. Et grâce à elle, Rassam vendra le film en Amérique.

Le 9 juin 1971, Godard part aux Etats-Unis pour signer le contrat avec la Paramount. Son avion est à quinze heures, il est déjà en retard, il y a des embouteillages. Qui a l'idée de demander à cette fille d'emmener Jean-Luc à l'aéroport sur sa moto ?

Peu importe. La moto fonce pour que Godard attrape son avion, une camionnette arrive sur la droite, la fille pressée lui refuse la priorité, le chauffeur de la camionnette n'a pas le temps de freiner, la moto valdingue, Godard est mort, ou tellement amoché que c'est une question d'heures, il ne survivra pas, les nécros sont prêtes dans tous les journaux, on attend. En tout cas, il ne refera plus jamais de film, c'est certain.

Mais Godard s'en tire, déjouant une fois de plus tous les pronostics.

Il ne reste plus à Rassam qu'à dissimuler aux yeux des coproducteurs et des assurances la gravité de ses blessures :

— Il se rétablit avec un courage inouï.

– 18 –

Tout va bien. Jean-Luc Godard ressuscité commence le tournage de son film assis sur une chaise roulante, ce qui explique la succession de travellings à l'intérieur de l'usine. Godard souffre le martyre, et prétend y prendre un certain plaisir.

C'est un crève-cœur pour les comédiens qui se sentent manipulés. Quant aux financiers, ils comprennent en voyant les rushes que Godard a décidé une fois de plus de faire un film irregardable, méchant, pathétique ; énième agression contre les spectateurs, contre ses mécènes, contre ses propres admirateurs auxquels il reproche cette vie de surhomme qui n'est pas la sienne.

Tout va bien n'est pas non plus une partie de plaisir pour Rassam, tant le résultat est calamiteux ; il a perdu son pari qui consistait à faire revenir Godard sur le chemin du cinéma commercial. Les deux vedettes ne suffiront pas à sauver le film de la clandestinité, son avenir de producteur repose entièrement sur le film de Pialat.

Le tournage de *Nous ne vieillirons pas ensemble* commence bien, on s'y amuse beaucoup, au début.

On note d'ailleurs l'apparition de Rassam en joueur de guitare, lors d'une scène de restaurant : il fait la manche entre les tables. Arrivé à la table où déjeunent Jean Yanne, Marlène Jobert et ses deux parents, Rassam tend sa sébile. Marlène demande à Jean Yanne de donner une pièce au musicien :

— Je ne peux pas, j'ai les deux mains prises, dit Jean Yanne en se servant de la bouillabaisse.

C'est le beau-père qui donne la pièce, elle tinte dans la soucoupe de Rassam qui bougonne en repartant :

— Ça fera une moyenne.

Et Jean Yanne hilare :

— Ça répond !

On sent les acteurs à la limite du fou rire. Ce sera un des rares moments de bonne humeur du tournage, car le climat se détériore très vite, d'abord entre Pialat et Yanne et subséquemment entre Pialat et Rassam.

Une des sources de conflit, c'est Macha Méril que Rassam a engagée pour le rôle de Micheline. Pialat est furieux parce qu'il aurait voulu prendre sa femme pour jouer son propre rôle, elle était pratiquement d'accord. Il croit encore au cinéma-vérité. Mais pour Rassam, pas question d'engager une non-professionnelle. Il a fait venir Macha Méril de Rome où elle coulait des jours tranquilles avec son mari producteur. Il la voulait parce qu'elle avait tourné avec Godard, embrassé Montgomery Clift, produit le dernier film de Pasolini, et celui de Bresson, bref, elle avait un peu de conversation. Pialat n'a pas besoin d'en savoir plus pour la détester, et lui en faire baver en réduisant tous les jours un peu plus son rôle.

Ça se gâte aussi avec Jean Yanne, qui déteste ce film, cette ambiance, ce rôle excessif, odieux. Lui qui ne voyait « aucune abjection » à interpréter le rôle de salopard dans *Que la bête meure* de Chabrol, là, c'est trop réel, le filtre de la fiction ne le protège pas, c'est cruellement de Pialat qu'il est question dans ce film, « On est dans une psychanalyse ou quoi ? » Ça l'emmerde. Il faut dire qu'au même moment, sa femme est en train de mourir d'un cancer, il monte à Paris la voir tous les week-ends, le sujet du film crée un effet loupe sur ses angoisses, sa culpabilité, il accuse les dialogues, il accuse Pialat, lequel ne supporte pas qu'un acteur si bien payé ait ce genre d'état d'âme, c'est la preuve de la médiocrité de tous ces gens de cinéma, paresseux, lâches, même pas capables d'apprendre leur texte : Yanne fait placer des antisèches un peu partout dans la voiture, et Macha Méril se promène avec un oignon avant les scènes où elle doit pleurer.

Le film est à deux doigts d'exploser en vol, pour mille raisons, trois cents prétextes, Pialat exerçant une sorte de chantage au suicide cinématographique permanent : on tourne ça ou j'arrête tout ! Et du coup, les acteurs, les techniciens n'ont plus qu'une envie : que ça finisse. La complicité entre Rassam et Pialat ne survit pas à l'épreuve. Le producteur n'accepte plus les caprices de ce réalisateur, il veut lui envoyer des types pour lui casser la gueule. Rassam a définitivement pris le parti de Jean Yanne avec lequel il se reconnaît des affinités et des idées communes sur le cinéma : tout sauf ce que Pialat est en train de faire.

Au paroxysme de la crise, Rassam appelle Jacques Dorfmann, le coproducteur du film, pour lui soumettre son projet : éliminer Pialat. Ça réglerait tout.

— Le problème, soulève Dorfmann, c'est que je ne vois pas très bien qui pourrait finir le film de Pialat. A part Pialat.

On décide donc que Pialat terminera son film.

Au sortir de cette sale expérience, Rassam croit avoir appris une bonne chose : le producteur doit foutre la paix au metteur en scène. Juste trouver de l'argent. C'est ce qu'il promet à Jean Yanne qui rêve de réaliser son premier film : *Tout le monde il est beau, tout le monde il est gentil*. Ça fleure bon le Michel Audiard ce qui suffit déjà à intéresser Rassam, et quand Yanne lui explique de quoi il s'agit : « un pamphlet contre la publicité », Rassam explose de joie. En plus, c'est pas cher : un huis clos à l'intérieur d'une station de radio.

Le 28 novembre 1971, Wasfi Tall, le Premier ministre jordanien, considéré comme le responsable du massacre des Palestiniens en Jordanie, est assassiné. C'est le premier acte de vengeance revendiqué par le mouvement Septembre noir d'Abou Hassan.

Le tournage de *Tout le monde il est beau, tout le monde il est gentil* commence six semaines après ce règlement de compte interarabe. Il porte bien son nom : c'est le premier film produit par Rassam où tout se passe dans la joie. Il était temps.

Ce film est un bonheur que Rassam n'a de cesse de reproduire au plus vite.

Les saillies de Jean Yanne ont quelque chose d'infiniment plus tranchant, politiquement, et cinématographiquement, que tous les ressassements des soixante-huitards embourgeoisés qui colonisent les films de Godard.

A l'autre extrémité du spectre, même lassitude envers Pialat : Rassam en a soupé de ce cinéma autobiographique, névrotique, nombrilique revendiqué par Berri et par tous ces raseurs. Comme lui, Jean

Yanne se fout de la psychanalyse, du communisme, de la Nouvelle Vague et de l'ancienne. Jean Yanne veut faire des films à sa manière, il a trouvé Rassam pour les produire, ils sont sur la même longueur d'onde, celle de la satire, de l'inconvenance. Ils ont les mêmes idées anarcho-cyniques sur la société et la même envie d'en profiter.

Ça n'empêche pas Rassam de pleurer pendant la projection de *Nous ne vieillirons pas ensemble* : il comprend qu'il vient de produire un chef-d'œuvre, il n'en revient pas. Ravalant tout le mal qu'il pense de Pialat, « cet emmerdeur professionnel, ce sale con », Rassam n'a aucun mal à le faire sélectionner pour le festival de Cannes.

Ça n'est pas le cas du film de Godard dont les sélectionneurs ne veulent pas entendre parler. *Tout va bien* sort le 28 avril, et ça ne va pas si bien que ça. Malgré les deux grandes vedettes à l'affiche, un bon budget publicitaire, de bonnes salles sur les Champs-Elysées et une couverture presse tonitruante, le « pensum démodé » plafonne à 70 000 entrées sur Paris. Le dixième de ce qu'il aurait fallu pour rembourser les financiers.

Rassam n'est pas effondré longtemps : une semaine plus tard, *Tout le monde il est beau* écrase la concurrence. En route pour les quatre millions d'entrées. Le samedi suivant, au lendemain de sa projection au festival de Cannes, c'est au tour du film de Pialat d'arriver au sommet du box-office.

Les professionnels se frottent les yeux : qu'est-ce qui se passe ? Qui est ce type que personne ne connaît, qui n'a pas fait d'école de cinéma, n'a pas été l'assistant de Braunberger pendant vingt ans, n'a pas siégé dix ans à la commission d'avance sur recettes, n'a pas déposé le bilan sept fois dans sa vie avant de parler, ce type qui a tout juste trente ans et sort de son chapeau deux films en même temps, comme ça, clac et clac, et avec des salles pourries, une campagne publicitaire improbable, une critique partagée, très partagée, arrive deux fois en tête du box-office ! Qui est cet énergumène ?

Si c'est un Libanais, l'argent vient du pétrole, des armes.

Le nom de Rassam se répand sur les Champs-Elysées comme une traînée de poudre : c'est le beau-frère de Berri ! Ah, voilà ! C'est donc ça, c'est son homme de paille, son prête-nom. On a enfin compris.

Après avoir difficilement digéré l'échec de son *Cinéma de papa*, Berri se rétame encore avec *L'Œuf*, un film de Jean Herman, l'homme qui a fait tourner son père, on en revient toujours là.

Sur la Croisette, une plaisanterie court, facile :

— Après *Le Poulet*, Berri devait faire *L'Œuf*.

On commence à parler du film de Pialat pour la Palme. S'il était moins arrogant avec les journalistes, s'il acceptait de sourire aux membres du jury, juste sourire, c'est encore trop demander, Rassam doit sourire pour deux, parler pour deux. Heureusement, cette année, il va pouvoir compter sur son copain Forman, qui fait partie du jury. Un juré dont on a sauvé les enfants des « camps d'extermination », ça doit voter comme il faut.

qui ne parviennent pas à adoucir l'énormité de son nez. Dans ses yeux clairs et son sourire difficilement contenu, une évidence : il est chargé à mort.

Catherine V. lui a injecté le premier shoot deux jours plus tôt, et cette merveille va changer sa vie, il le sent, il le sait, il le veut. A Jean Yanne qui s'en inquiète, il assure :

— Je serai plus fort qu'elle, t'en fais pas.

Là, sur le plateau de la télévision, il s'impose par une voix métallique et des mouvements d'épaules de bagarreur :

— Ce qu'il faut savoir, c'est comment on s'en sert, de cet argent.

Très vite, la véhémence de Rassam s'embrouille, et Jean Yanne se porte à son secours, ils semblent avoir bien réglé leur duo de copains comme cochons, ils se chuchotent des trucs à l'oreille : Jean Yanne vient d'avoir l'idée du titre de leur prochain film, *Moi y'en a vouloir des sous*, car ils veulent tous des sous sur ce plateau, cinéastes rebelles, financiers stoïques, fonctionnaires syndiqués, critiques moustachus, actrices en participation : des sous, encore des sous ! Et dans ce combat de poules aux œufs d'or, ce sont les plus sincèrement avides de réussite que le public applaudit.

Le jury du festival ne donne pas la Palme d'or à Maurice Pialat, mais couronne tout de même le film en décernant le Prix d'interprétation à Jean Yanne.

Rassam n'aurait pas imaginé camouflet plus cinglant pour Pialat. Jean Yanne ne vient même pas chercher son trophée.

Rassam a-t-il manipulé les jurés ? C'est ce qu'il prétendra, se vantant d'avoir séquestré Untel, avoir mis des putes dans le lit de tel autre, et tout le monde le croit, ou fait semblant, c'est plus amusant que plausible, et on se rend tellement intéressant à le raconter.

Rassam vient d'entrer dans l'histoire du cinéma comme le producteur qui aura lancé Pialat, douze ans après que Georges de Beauregard a lancé Godard et Belmondo, seize ans après que Raoul Lévy a lancé Bardot.

Mais le succès de Jean Yanne ne se calcule pas seulement en nombre d'entrées, ou par un renouveau artistique : la France est traversée par le souffle insolent de Jean Yanne qui promet de faire table rase des comédies de papa. Rassam parlait comme Godard, il parle désormais comme Jean Yanne : il faut en finir avec les distributeurs, les exploitants, les commissions d'avance sur recettes, tous des pourris, des nuls, des vieux cons. Il faut prendre le pouvoir à l'intérieur du cinéma français, afin de le sauver. Lui-même se pose en Napoléon : *Tout le monde il est beau* fut son pont d'Arcole, *Moi y'en a vouloir des sous* sera son Austerlitz. Il voit grand, il voit loin, il voit international, lance douze et quatorze projets, planifie le rachat des vieux studios du Caire : Bagdad, Damas, Beyrouth et Téhéran en croissant fertile du septième art. Youssef Chahine va tourner la vie d'Abd el-Kader, puis celle de Nasser et du prince El Saoud. La mégalomanie s'empare du « jeune producteur libanais » qui se recommande en effet de la puissance des fortunes arabes aux ambitions renaissantes. Il arrive d'autant plus facilement à faire croire que l'avenir du cinéma français dépend de lui que, dans cette industrie moribonde, on est prêt à se raccrocher à n'importe quel espoir.

Le Fouquet's a trouvé son messie, le cinéma français est à ses pieds. Rassam n'a plus qu'à continuer de tout lui promettre, puisque tout devient en effet possible. Le tournage de *Moi y'en a vouloir des sous* a commencé. Rassam change de standing. Il quitte sa chambre du Plaza Athénée pour occuper la suite 321-322 où Anna Karina va le rejoindre. Une égérie de Godard en remplace une autre, plus compliquée que la précédente.

Lundi 4 septembre 1972. Julien Langmann a quatre ans. Il va entrer à la maternelle où son père et sa mère le conduisent en voiture. C'est un moment important dans la vie d'une famille : on va laisser son enfant pour la première fois seul entre les mains d'une maîtresse.

Le fils de Claude Berri et d'Anne-Marie Rassam est déjà un petit garçon turbulent, agité, presque rebelle. Il chante en sautant sur la banquette arrière de la DS.

— « Pour bien bouffer

« Pour bien péter

« Et pour bien boire

« Moi y'en a vouloir des sous !

« Moi y'en a vouloir des sous ! »

Il a appris cette chanson lors de sa visite sur le tournage du film de Jean Yanne où son oncle l'a emmené. Les paroles sont faciles à retenir, et la musique, si on peut appeler ça de la musique, d'une simplicité militaire, c'est une marche :

— « Moi y'en a vouloir des sous !

« Moi y'en a vouloir des sous ! »

Au bout de dix minutes, Claude Berri demande à son fils de chanter autre chose. Et voyant combien cette chanson exaspère son papa, l'enfant en rajoute, hurlant maintenant ad nauseam : « Moi y'en a vouloir des sous ! Moi y'en a vouloir des sous ! » Et voilà que sa mère fait chorus ! C'en est trop. Claude finit par sortir de la voiture et prendre un taxi pour aller à son bureau. Anne-Marie dépose son fils à l'école. La légende dit qu'à la fin de la journée tous ses petits camarades connaissaient la chanson.

Le 5 septembre 1972, à quatre heures et demie du matin, huit membres du commando de Septembre noir pénètrent dans le village olympique de Munich où se déroulent les Jeux. Après quelques bagarres, une exécution, les hommes d'Abou Hassan parviennent à prendre en otage neuf athlètes israéliens. Ils réclament la libération de 234 activistes palestiniens emprisonnés en Israël, d'Ulrike Meinhof et d'Andreas Baader, les chefs de la Fraction armée rouge arrêtés en juin après avoir commis plusieurs attentats meurtriers.

Golda Meir annonce qu'elle ne négociera pas avec les terroristes qui balancent aussitôt le corps d'un de leurs otages par la fenêtre du bâtiment, histoire de montrer qu'ils ne plaisantent pas. Ils annoncent qu'ils tueront un athlète israélien toutes les heures.

Les terroristes négocient avec le ministère de l'Intérieur allemand qui leur propose un Boeing 727 pour partir au Caire avec les otages. Les hélicoptères arrivent sur le tarmac de l'aéroport à 22 heures. C'est un piège. La police allemande ouvre le feu dans une confusion telle qu'après trois heures de bataille, l'opération de sauvetage se termine par un bain de sang. Tous les otages israéliens sont tués, ainsi que plusieurs policiers allemands et cinq des huit terroristes palestiniens.

Les Jeux olympiques peuvent reprendre. Dès le lendemain matin, les épreuves d'athlétisme se déroulent normalement et trois jours plus tard, l'aviation israélienne bombarde les bases de l'OLP au Liban et en Syrie, causant la mort de 200 Palestiniens, tandis que les services secrets israéliens du Mossad organisent un plan baptisé « Colère de Dieu », qui consistera à exécuter tous les membres du mouvement Septembre noir, tenus pour responsables de la prise d'otages. C'est ainsi qu'Abou Hassan mourra dans l'explosion de sa Chevrolet, à Beyrouth.

Le 13 septembre 1972, la Mercedes blanche de Thomas Rassam quitte les faubourgs de Gaziantep, en Turquie, pour prendre la direction de Kilis avant de passer la frontière de la Syrie. Thomas et Virginie ont l'intention de se rendre à Alep, en touristes. La route étant toute droite, pas mauvaise, Thomas roule à bonne allure, mais pas aussi vite que la grosse Ford qui vient lui coller au train. Il n'y a personne en face, la Ford pourrait doubler, Thomas lui fait signe de passer. Mais l'autre se met à klaxonner.

— Qu'est-ce que tu as fait ? demande Virginie.

— Rien. Rien du tout. Je ne sais pas ce qu'il veut.

— Laisse-le passer.

Thomas serre sur sa droite et ralentit pour permettre à la Ford de passer plus facilement. La Ford double, mais arrivé à la hauteur de Thomas, le chauffeur de la Ford reste là à regarder Thomas.

— Qu'est-ce qu'il veut, ce con ?

— Laisse-le, chéri.

Sentant le danger, Thomas accélère brusquement, mais le type accélère aussi. Les deux véhicules roulent de front sur toute la largeur de la route. Virginie crie :

— Qu'est-ce qu'il veut ? Qu'est-ce qu'il veut ?

C'est alors que le type donne un violent coup de volant vers la droite, la Ford cogne la Mercedes des Rassam qui part aussitôt en tête-à-queue au milieu de la route. Le camion ne peut éviter la collision.

La Mercedes est propulsée à des dizaines de mètres, roulant plusieurs fois sur elle-même avant de s'arrêter contre un rocher.

Thomas Rassam meurt dans l'ambulance qui l'emmène à l'hôpital de Gaziantep.

Pour Jean-Pierre, les choses sont claires, son père a été assassiné. C'est un attentat lié à la prise d'otages de Munich. Il accuse le Mossad, Golda Meir, la CIA ou les barbouzes de l'Etat UDR, tous complices.

On rapatrie le corps de Thomas Rassam en France, mais en attendant de lui construire une tombe convenable, sa dépouille stationne dans le caveau des Langmann, au cimetière juif de Bagneux. L'enterrement définitif a lieu quelques jours plus tard, il rassemble les deux familles dans le beau cimetière de Montfort-l'Amaury. La procession emprunte la galerie à arcades. Jean-Pierre tient la main d'Anne-Marie qui ne lâche pas la main de son fils Julien.

Jean-Pierre s'arrête devant la tombe d'Annie, enterrée cinq ans plus tôt. Puis il va recevoir les condoléances à côté du trou dans lequel les croque-morts descendent le cercueil en chêne.

On défile, on jette sa fleur, sa poignée de terre, quelques gouttes d'eau bénite, une dernière pensée écrite sur un bout de papier, un signe de croix.

Une plaque de marbre noir vient ensuite couvrir

le caveau de la famille Rassam. Le nom de Thomas est gravé, avec les dates : 1900-1972.

— Tout est foutu, murmure Jean-Pierre.

En sortant du cimetière, il prend sa sœur dans ses bras :

— Tu dois divorcer maintenant.

— Qu'est-ce que tu racontes ?

— Tu ne peux plus rester avec ce type.

— C'est mon mari. Tu as tout fait pour qu'il le soit. Tu choisis mal ton moment, Jean-Pierre.

— Au contraire, c'est le moment sacré : reviens avec nous. L'important, c'est la famille. Tu dois choisir ton camp.

— Arrête avec ces délires. Papa est mort dans un accident de voiture.

— Tu ne comprends rien, chérie !

Il la serre dans ses bras plus fort, elle et l'enfant, il ne veut plus les lâcher. Elle résiste, se débat :

— Lâche-moi ! Fous-moi la paix !

Anne-Marie parvient à s'extirper de son étreinte, tandis que Jean-Pierre retient l'enfant, le soulève et le couvre de baisers.

— Tu me fais mal, tonton…

Jean-Pierre le lâche et aussitôt l'enfant court vers sa mère, il croise son père qui fonçait pour l'arracher des bras de Jean-Pierre. Maintenant, les deux beaux-frères se font face, se toisent, prêts à se battre. Jean-Pierre crache au visage de Claude :

— Toi, le petit personnel, tu te casses !

Claude soupire, blessé, navré, vaincu. Il rejoint Anne-Marie et Julien, réfugiés dans sa voiture.

— Ton frère est dingue, complètement camé.

— J'ai donc le choix entre un camé et un névrosé…

— Non, tu n'as plus le choix, Anne-Marie : c'est avec moi que tu t'es mariée. Ça n'est peut-être pas très clair dans ta tête, mais c'est la réalité. On a deux enfants, une maison, un contrat : on est mariés !

Et il répète : mariés, mariés, en incantation furieuse, comme pour rattraper le sens de ce mot qui leur échappe.

Jean-Pierre monte dans la voiture de Jean Yanne où il retrouve Catherine V. sur la banquette arrière, elle lui a préparé une seringue.

— Je ne suis pas sûr que ce soit la meilleure chose à faire, suggère Jean Yanne.

— Tout est foutu, répond Rassam.

Il répètera cette phrase plusieurs fois au cours de la journée, comme s'il cherchait à savoir ce qui est foutu, le bonheur, les films, les enfants, la santé, l'argent…

— Roule ! Roule ! Ecrase-moi ce con ! Fonce-lui dedans.

La voiture de Jean Yanne démarre, elle passe devant la voiture de Berri. Les deux beaux-frères échangent à travers la fenêtre des regards de fous furieux. Rassam baisse la vitre pour lui balancer son insulte :

— Sex-shop !

Le flash d'héroïne l'assomme. La voiture file sur l'autoroute. Rassam retrouve l'usage de la parole.

— Il va se ramasser, ce connard, avec son *Sex-Shop* ! Il aura couru après toutes les modes, pour le fric, le fric, rien que le fric. Il paraît qu'on le voit à poil dans le film. Explique-moi qui a envie de voir Claude Berri à poil, ce plouc ! Ce plouc autobiographique !

— Pas moi, en tout cas.

— Et le pire : il a fait tourner Julien ! Tu imagines le CV du gosse, maintenant : « Julien Langmann qui a débuté à quatre ans dans *Sex-Shop* ». Et ma sœur accepte ça ! Elle part avec lui. Le coup du mariage juif ne lui a pas suffi, il fallait qu'il mette son fils dans un film porno, qui n'est même pas porno ; parce qu'il n'a pas eu le courage de faire un film porno, il a fait un film sur la pornographie ! Toujours ce complexe du fils de fourreur qui se prend pour un intellectuel. Ecoute ça : il a imaginé un libraire en faillite qui décide de transformer sa librairie en sex-shop. Qui peut croire ça ? Et comme il est têtu, il interprète le rôle. Il n'est pas plus crédible en libraire ruiné qu'en patron de sex-shop, qu'en quoi que ce soit, d'ailleurs. Il va se ramasser, impossible autrement. Il va se ramasser parce qu'il y a un bon Dieu. Il va perdre dix millions, il finira mendiant !

— Il se rattrapera avec les Charlots.

— Ça ne risque pas ! Fechner lui prend tout. J'ai vu les contrats. Il touche rien avant trois millions d'entrées ! Fechner se sert de lui comme grouillot. Il l'a roulé dans la farine.

— Tu en es sûr ? Tu as vu la pub ? Quinze jours avant la sortie, y en a déjà partout. Il va les faire, ses trois millions d'entrées, c'est sûr, bon, et après ? Qu'est-ce qu'on en a à foutre ? Laissons-le faire ses films de merde, nous on fait nos petits chefs-d'œuvre.

— Tu te trompes, Jeannot. Il n'y a pas de place pour tout le monde. Il nous prend nos clients ! Il nous les vole ! Ils font la razzia avec leur circuit de salles pourries ! Il faut qu'on ait leur peau, et on l'aura. On va le baiser dans les grandes largeurs. Mon père m'a laissé un gros paquet de fric, tu sais.

— Non, je ne sais pas.

— Je te le dis. Enorme. On va pouvoir en produire des films. Et des chers. On va foutre en l'air leur système ! Le petit grouillot croit avoir sauté dans le train en marche avec les Charlots, mais il n'y a déjà plus de train. Juste la marche.

Satisfait de son jeu de mot, Jean-Pierre part dans un nouveau fou rire, il a l'héro hilarante.

En réalité, l'argent hérité du père marque les limites de cette fortune jusque-là illimitée. C'est la fin de l'impunité financière que la situation diplomatique de Thomas Rassam autorisait. Ces millions sont petits, tout à coup, et Jean-Pierre aura beau les compter, ils vont vite partir, il le sait : tout est foutu. C'est alors qu'une vision le traverse :

— Je vais racheter la Gaumont.

Jean Yanne le regarde, les yeux écarquillés, le sourire émerveillé, il y croit, l'idée lui plaît, elle le fait rêver.

Quand tout est foutu, tout devient possible.

– 19 –

Contrairement à ce que Rassam espérait, *Les Fous du stade* est un nouveau triomphe pour les Charlots. La manne semble inépuisable ; les gens n'en ont pas marre du tout de ces quatre débiles.

Il faut dire que Fechner et Berri ont mis les moyens : deux cents copies balancées dans toute la France en même temps. On n'avait jamais vu ça.

— C'est du capitalisme monopolistique d'Etat au service de la connerie, râle Rassam. S'il y a un Nuremberg du cinéma français, parce qu'il faudra bien le faire un jour, ce procès, eh bien ce jour-là, mon beau-frère sera guillotiné place de la Révolution. Ma sœur ira tremper son mouchoir dans le panier, si ça l'amuse. Je rigole. Je fais comme les autres : c'est-y pas rigolo de sortir un film comique sur les J.O. quinze jours après le massacre de Munich ? Ben si, c'est vachement marrant. Personne n'y voit la moindre indécence. Au contraire, on remarque le formidable timing et le sens commercial des producteurs !

Il ne tient plus sa langue, ne tient plus en place, repris par cette sorte d'euphorie tragique qu'il a connue après le suicide d'Annie, mais à la puissance dix. Ce n'est même plus par ambition qu'il veut produire des films, ou par défi, c'est pour franchir des limites, tromper la mort, devenir ce que Jean-Jacques Schuhl appellera « le producteur élu de l'abîme ».

Produire tout et n'importe quoi, Godard évidemment, et Pialat : il est prêt à passer l'éponge sur tout. Mais Maurice est rancunier, têtu, et surtout il ne veut pas que les profits réalisés avec son film servent à financer les films des autres. Il va donc monter sa propre maison de production pour réaliser *La Gueule ouverte.* Il passera plus de trois ans à monter l'affaire, qui se soldera à sa sortie par un fiasco quasi historique ; trois ans durant lesquels les beaux-frères Rassam et Berri vont se disputer la tête du box-office.

Marco Ferreri est connu en France pour avoir réalisé *Le Mari de la femme à barbe*, avec Annie Girardot et Ugo Tognazzi, mais ça fait déjà quelques années. Depuis, le metteur en scène italien a accumulé un certain nombre de bides, et pris du bide, c'est d'ailleurs ce qui l'obsède, son bide, la bouffe, il veut en faire le sujet de son prochain film. Après son dernier four, *Liza*, avec Deneuve et Mastroianni, les producteurs ne veulent plus entendre parler de Ferreri, qui les harcèle depuis un mois avec un projet débile : il veut enfermer quatre types dans une maison et les faire bouffer jusqu'à ce qu'ils crèvent. Est-ce qu'il y a quelqu'un d'assez fou pour considérer qu'il s'agit là d'un bon sujet de film ? Non. Personne. Ferreri a frappé à toutes les portes. Il est au bout du rouleau, il s'apprête à retourner en Italie sans payer sa chambre d'hôtel, lorsqu'il parvient enfin à entrer en contact avec Rassam qui le reçoit dans sa suite 321-322, en robe de chambre, un cigare dans une main, un verre de cognac dans l'autre, et une actrice de Godard à ses pieds, ou deux, histoire d'alimenter sa légende naissante.

Les deux hommes, qui ne se connaissent pas, s'entendent sur la marque des cigares, la qualité des zakouskis que Jean-Pierre fait monter des cuisines, et le romanée-conti qui est là, une caisse de douze entreposée dans le couloir.

Ferreri raconte son film, la villa, les quatre types, la bouffe, la mort, l'allégorie de la société de cons…

— M'en fous de l'allégorie, coupe Rassam, il faut bouffer à en crever ! Et tout de suite. Je vais produire ton film.

Le casting apparaît comme une évidence : Mastroianni, Piccoli, Tognazzi et Noiret.

Ferreri lui donne son scénario.

— Je ne lis pas les scénarios. Soit le texte est bon et ça sera toujours meilleur que le film. Soit il est mauvais et ça n'est pas à moi de dire comment en faire un bon film.

Or, quand on écoute le film de Ferreri, et pas seulement la musique de Philippe Sarde, on comprend très vite ce qui confère à *La Grande Bouffe* son audace, sa grâce, son intelligence, sa tendresse : les dialogues de Francis Blanche ; ils rendent supportables les lourdes intentions, les pesantes opinions et les paraboles épaisses comme des fonds de cocotte que Ferreri a coutume d'infliger aux spectateurs. Grâce à Francis Blanche, Ferreri dirige un ballet de Petipa, tout y est vif, sautillant, musical. C'est son meilleur film, le plus rentable et le plus scandaleux, et il le doit à Rassam, c'est lui qui a choisi Francis Blanche. Rassam est présent partout, à tout moment, violant ses propres règles, il ne rate pas un jour du tournage, ne cessant de pousser Ferreri toujours plus loin dans la provocation, la scatologie, le sexe.

C'est Rassam qui veut qu'Andréa Ferréol pose ses gros nichons sur toutes les crèmes dessert, que Piccoli se chie dessus, et surtout que ça avance, vite, plus vite. Rassam a repéré le péché mignon de Ferreri : une lenteur confinant à la paresse, à la somnolence. Dès la moindre baisse de régime, il hurle :

— Ça va être chiant, là ! Ça va être chiant !

Il distribue la coke et ça repart.

Si *La Grande Bouffe* exprime le fantasme sexuel et gastronomique de Ferreri, si on a cru y voir la critique de « la société de consommation qui corrompt les âmes », c'est avant tout l'illustration de ce que Rassam est en train de vivre : on produit, on bouffe, on possède, et on crève. Car tout est foutu.

Le visionnage des premiers rushes le transporte, l'hystérise, il est persuadé d'avoir produit un film qui est plus qu'un chef-d'œuvre, car ce mot n'a plus de sens. *La Grande Bouffe* est un film important, un film qui compte, qui change tout, Rassam vient donc de produire trois films qui ont changé le cinéma français, chacun dans leur catégorie : Jean Yanne dans la comédie, Pialat dans le drame conjugal, Ferreri dans l'étude des mœurs. Trois révolutions radicales, trois exploits. Est-ce qu'il a un secret ? Quelque chose dans les mains ? Est-ce que c'est ça un génie ? Lui qui est incapable d'écrire, de peindre, de jouer de la musique, et qui pourtant, depuis toujours, sent en lui cette énergie de l'intelligence, comme une créativité sans création, aurait-il inventé, dans sa manière de produire des films, un nouvel art, celui de rendre possible les films impossibles ? On s'interroge, on l'interroge encore, et il répond, toujours plus tonitruant, à *L'Express*, à *Playboy*, un peu partout, il professe un nouvel art de produire :

— Qu'est-ce qu'ils font, les autres ? Une resucée. Ils disent en gros : « Tu as fait *Les Choses de la vie*, refais-le-moi, en changeant un peu. » Ça rassure mais c'est une erreur. Il faut faire du neuf.

A trente-deux ans, il se permet de donner des leçons sur le métier qu'il exerce depuis moins de trois ans à des messieurs de soixante-dix ans, qui ont produit des films muets :

— Si tu te fais producteur pour gagner de l'argent, c'est complètement illusoire.

Il leur fait la morale :

— Moi, ce que j'aime ce sont les choses nouvelles ; l'art ne m'intéresse pas trop, mais la nouveauté m'excite. Je surproduis. Comme ces types qui prospectent dans le désert et sont persuadés que, sur douze forages, il y aura bien un puits de pétrole. Avec les bénéfices du vainqueur, j'investis à nouveau. J'envahis le marché.

Il s'en prend aussi à l'avance sur recettes, ce système qui permet à l'Etat d'aider le cinéma d'auteur par des subventions prélevées sur le « Fonds de soutien », lequel est financé par une taxe sur les recettes des films, français ou étrangers :

— C'est l'invention la plus diabolique qui soit. Elle suscite des vocations innombrables puisque « avoir l'avance » permet à n'importe qui de rêver pouvoir faire un film. Des centaines de milliers de n'importe qui viennent présenter des sujets à cette commission d'avance qui, au mieux, leur refuse l'argent, et au pire, offre aux élus une corde de quelques centaines de milliers de francs pour se pendre. Cette commission qui n'est rien d'autre qu'une machine à trier, et à refuser, ne donne aucune raison à son refus, comme dans Kafka. Mais on sait pertinemment qu'il y a des combines, certains membres octroyant des avances à des maisons de production dans lesquelles ils ont eux-mêmes un projet en préparation. Toutes les configurations de conflits d'intérêts sont possibles, du copinage à la corruption pure et simple. Je suis le seul à le dire ouvertement, parce que je suis le seul à pouvoir me passer de ce système pervers.

Sans le savoir, il reprend mot pour mot les propos de Raoul Lévy, ou peut-être le sait-il.

D'une diatribe à l'autre, il n'oublie jamais son beau-frère qui n'en finit pas de l'énerver avec les millions d'entrées des Charlots :

— Les pleutres, les trouillards, les petits épargnants minables qui préfèrent faire trois fois le même film plutôt que d'investir dans l'imagination. Quand on choisit pour soi-même le ronron et les pantoufles, on finit par faire un film ronronnant et pantouflard.

Les journalistes l'adorent : quel bon client ! Toujours la petite vacherie dont ils feront la phrase d'accroche de leur papier. Il leur mâche le travail. C'est que le grand usurpateur doit continuer de nourrir sa légende. Et un beau jour, entre deux cocktails au bar du Plaza, il leur balance la nouvelle :

— Je vais acheter la Gaumont.

Ils ne vont quand même pas avaler ça, se dit-il en observant leur réaction. Jean Yanne est un gosse, un artiste, un rêveur, mais eux, ils sont censés savoir, connaître les chiffres, avoir les deux pieds dans le réel. Eh bien non. Ils avalent le truc. Ça devient décidément très amusant.

— Vous allez acheter la Gaumont, monsieur Rassam ?

— C'est top secret. Ne le dites à personne.

Cette chimère va prendre de plus en plus de place, dans ses pensées, dans ses paroles, et finalement, dans ses actes. A force de faire comme si, tout se passe comme si.

Il se rapproche de Nicolas Seydoux pour qui la Gaumont n'est pas une chimère : sa maman, Geneviève Schlumberger, détient déjà 40 % des parts de cette compagnie. Il s'agirait donc moins d'un achat que d'une prise de contrôle.

Nicolas Seydoux était à Sciences Po en même temps que Rassam, qui n'a pas beaucoup d'efforts à faire pour changer cette ancienne relation en nouvelle amitié.

Rassam laisse entendre à Seydoux qu'il a les moyens personnels d'acheter les 8,5 % que possède la Paramount. 40 + 8,5 = 48,5. On s'approche de la majorité des sièges au conseil d'administration. Avec les 5 % que détient Bleustein-Blanchet, ils sont majoritaires au conseil. Rassam se fout du pouvoir, ce qu'il veut c'est produire des films, créer des événements. Il doit faire croire à Seydoux qu'il y croit.

Et ça marche, car Seydoux ne connaît pas la nature du leurre que Rassam a lancé à la figure du cinéma français avec cette histoire, il n'en connaît pas les causes profondes. Il est trop sage pour envisager la folie et le désespoir de l'autre.

Nicolas Seydoux est un banquier que le cinéma amuse plus que la banque. Surtout quand il voit faire Rassam, tellement amusant, brillant, pertinent, aussi, notamment dans l'analyse qu'il fait de la situation de Gaumont : dirigée par un triumvirat de vieilleries poussiéreuses, la firme à la marguerite est une belle au bois dormant qui ne demande qu'à être réveillée. Elle a un nom prestigieux, son crédit auprès des banques est illimité, grâce à son parc immobilier de salles, c'est donc une entreprise merveilleuse... il faut juste mettre ses dirigeants à la retraite, et les remplacer par de jeunes loups ambitieux, modernes, à la tête desquels le nom de Rassam s'impose.

Quelques années plus tôt, Jérôme, le grand frère de Nicolas, a essayé de prendre le pouvoir au sein du conseil d'administration. Il a échoué par maladresse. Par mauvais caractère. Nicolas et Jean-Pierre ne doivent pas oublier la leçon. Il faut agir avec diplomatie, en prenant son temps.

S'emparer de Gaumont, c'est le coup d'Etat qui ferait du petit Arabe le maître du cinéma français et donc aussi de son beau-frère. C'est d'abord ça qui compte, à ses yeux.

En s'associant avec Fechner pour produire les Charlots, Berri est devenu le discret gagnant d'un jackpot qui n'a pas eu d'équivalent dans le cinéma français. Discret, car *Sex-Shop* a déjà considérablement brouillé son image auprès du public, et s'il se fait connaître comme le producteur de ces gaudrioles franchouillardes à trois sous, il en sera fini de sa réputation.

Plus tard, Berri pourra se prévaloir de films plus honorables, ils coûteront un peu plus cher et rapporteront un peu moins, mais ces farces ne rattraperont pas ses illusions perdues, car, outre que son *Sex-Shop* a prêté le flanc aux railleries parisiennes alimentées par Rassam, c'est l'ambition autobiographique de son œuvre qui est compromise. Alors que Philippe Garrel, qui lui doit tout, est couvert d'éloges pour le film insupportable qu'il vient de réaliser avec Nico, Berri n'est toujours pas le Pagnol du faubourg Poissonnière qu'il avait rêvé d'être.

Pourrait-il devenir le Woody Allen du Sentier ? Est-ce viser encore trop haut ? Doit-il se résoudre à n'être que le discret coproducteur des Charlots, l'associé de Fechner, ou pire, comme il l'a entendu murmurer l'autre soir à la sortie de la projection des *Zozos*, le film de Pascal Thomas :

— Qui c'est le type qui fait la gueule ?

— Je crois que c'est le beau-frère de Rassam.

Les Charlots font l'Espagne, *Le Grand Bazar*, quatre millions d'entrées par-ci, cinq millions d'entrées par-là.

Berri puise dans l'énormité de ces chiffres sinon de la fierté, la satisfaction de voir que celui dont il n'est plus que le beau-frère n'en a pas fait autant avec son film au titre pourtant incitatif, *Moi y'en a vouloir des sous* : moins de trois millions. Presque un flop. Ça ne l'empêche pas de pérorer :

— C'est la différence avec mon beau-frère, qui fait financer les Charlots par les Charlots, les Pascal Thomas par les Pascal Thomas, et les Pierre Richard par les Pierre Richard. Il n'y a pas de mutualisation des pertes et des profits dans son système. Il investit sur ce qui marche, proportionnellement aux recettes raisonnablement envisageables. Moi, avec les recettes de Yanne, je mets en chantier deux films : le Godard et le Bresson. Parce que je vois les choses en grand, en prestigieux, je vise la gloire internationale, pas seulement Cannes, New York, l'Amérique, la Chine !

Rassam annonce sa première superproduction : *Les Chinois à Paris*.

Jean Yanne envisage un coût de plusieurs dizaines de millions de francs, ce qui en fera le film les plus cher de l'histoire du cinéma français. Les deux mégalos s'en réjouissent à l'avance. Pour financer un tel projet, Rassam ne peut plus compter sur les pétrodollars, il se tourne donc vers les marchands d'armes, et va réussir à intéresser le plus puissant d'entre eux : Marcel Dassault. A 82 ans, l'ancien déporté de Buchenwald a envie de s'amuser, et l'idée d'un Paris (ré)occupé par des Chinois n'est pas sans lui rappeler des souvenirs.

— C'est *Paris brûle-t-il* multiplié par *La Grande Vadrouille*, lui promet Rassam.

Ça intéresse d'autant plus le vieil avionneur qu'il a fait construire une salle de cinéma de grand luxe à côté de son hôtel particulier des Champs-Elysées, Le Paris, c'est la salle la plus confortable du monde, paraît-il, mais il n'arrive pas à y projeter des bons films comme *Mais où est donc passée la 7e compagnie ?*, car ce sont ces films-là qu'il aime, le financier occulte de *L'Humanité*. Il a aussi un faible pour les bonnes blagues de Jean Yanne à la radio, et Rassam l'amuse avec son numéro. Le courant passe entre le Juif député de l'Oise, l'aristocrate mésopotamien et le titi anarcho-parisien. Les trois improbables se rencontrent souvent, se comprennent, tout ça prend forme, les chèques sont signés et *Les Chinois à Paris* entre en production.

— On va sortir le cinéma français de son petit commerce et de sa gaudriole à trois sous, annonce Rassam.

Rassam et Yanne partent en Chine à la recherche des lieux de tournage et des figurants pour pas cher. Car il n'est pas question de trouver à Paris trois ou quatre mille Chinois.

Les autorités chinoises ne se montrant pas du tout coopératives, ils essaient en Thaïlande, puis au Viet-nam, et enfin au Laos. Là, ils profitent des spécialités locales : les filles et l'opium.

Jean Yanne y goûte, Rassam s'en goberge et ne s'en remettra pas. Après l'héroïne, qui faisait suite à l'alcool et aux diverses amphétamines hallucinogènes, l'opium lui ouvre la voie du foutoir annoncé. C'est la drogue des demi-dieux, des précipités, le viatique des morts-vivants. Il reste trois jours dans la fumerie de Phnom Penh, il y serait encore si Jean Yanne ne l'avait pas exfiltré pour le mettre dans l'avion, direction Cannes où le film d'Eustache, *La Maman et la Putain*, vient de remporter le grand prix spécial du jury. Un an après le prix d'interprétation de Yanne, c'est plus qu'une reconnaissance pour Rassam, c'est un abonnement.

Et voilà que *La Grande Bouffe* de Ferreri déclenche des émeutes un peu partout en France : la berceuse de Philippe Sarde sur les agonies scatologiques de Piccoli, c'est une honte, c'est à vomir, un scandale, ça y est. Les foudres de la censure interdisent l'affiche de Reiser et finissent de mettre le feu à la fusée : ça marche du tonnerre de Dieu, c'est l'événement de l'année. Six mois après *Le Dernier Tango à Paris*, on ne croyait plus possible d'indigner les foules, on se trompait. Jusqu'où ira-t-on ? C'est Rassam qui le dira.

Pour accueillir les 8,5 % de Bluhdorn, Nicolas Seydoux, Jean Yanne et Jean-Pierre Rassam montent une société, la SYERA : trois lettres de Seydoux, trois lettres de Rassam et trois lettres de Yanne. Cette société qui a ses bureaux rue de la Trémoille, à cinq minutes à pied du Plaza, est une espèce de Gaumont provisoire, un cabinet noir où se décident les futurs projets de la société.

Nicolas Seydoux travaille toute la journée à la banque, la Morgan Stanley. A six heures du soir, il arrive à la SYERA, ce qui correspond aux horaires de Rassam, compte tenu des heures nécessaires de dégrisement après son réveil, vers quatorze heures.

Nicolas Seydoux ne lâchera son poste à la banque que s'il est assuré d'entrer à la Gaumont où, comme il en a été convenu, il n'aura rien à faire que présider, c'est-à-dire signer le parapheur en fin de journée. Si le cœur lui en dit, à la fin du mois de mai de chaque année, il pourra monter et descendre les marches du Palais des festivals, épouser la plus belle actrice de la sélection officielle, divorcer de l'ancienne, et narguer son grand frère. C'est du moins comme ça que Rassam envisage les choses, ou qu'il prétend les envisager.

Quand Rassam parle de Seydoux à Jean Yanne, il fait le portrait d'un dilettante, un peu paresseux, pas pressé, qui n'a pas besoin de ça pour vivre, et qui ne connaît rien au cinéma. Le fait est qu'à côté de Rassam, véritable encyclopédie vivante, Nicolas n'en mène pas large.

Rassam prétend exercer sur lui une fascination de gourou. Jean Yanne le croit sur parole, étant lui-même sous son emprise.

Qui peut penser qu'une fois à la tête de Gaumont, l'héritier Schlumberger va en confier les rênes à Jean-Pierre Rassam ? Le voudrait-il qu'il ne le pourrait pas : le conseil d'administration n'acceptera jamais d'être dirigé par un Libanais aussi fantasque, révolutionnaire revendiqué, ami de Godard et drogué notoire.

– 20 –

Le plus étonnant chez les drogués, comme chez les alcooliques et les schizophrènes, c'est leur capacité à rester malgré tout très sociables. Ils dînent, ils parlent, ils tombent amoureux, ils travaillent, ils font même des affaires, et on compte sur eux, on leur fait confiance.

Rassam en profite pour embrouiller son monde, on le croit riche au moment où il n'a jamais été aussi endetté. Des dettes proportionnelles à ses promesses de fortune.

A Milos Forman, il promet la *Recherche du temps perdu*, à Rossellini, une superproduction pédagogique sur la vie d'Ibn Saoud, à Polanski le *Voyage au bout de la nuit*, à Fellini un *Dracula sur le lac de Côme*, à Bresson un *Lancelot du Lac*, à Godard la vie d'Abd el-Kader ou celle d'Arafat.

Rassam se dit prêt à investir tout ce qu'il a dans le « porno colossal » que Pasolini va tourner pour lui… quand il aura racheté la Gaumont. Car, une fois dans la place, il va se débarrasser de tous les ringards, les Sautet, les Cayatte, les Granier-Deferre…

exit aussi Alain Poiré auquel il réserve un sort pendable.

C'est donc toute la jeune garde du cinéma français qui attend l'arrivée de Rassam à la tête de la Gaumont. Ils en rêvent comme de l'arrivée de la gauche au pouvoir, de la pilule en vente dans les Monoprix. Ils en ont besoin, vu le mal qu'ils ont à faire des films. Pour les Godard, les Truffaut, les barons de la Nouvelle Vague, tout va bien, pour la génération suivante, la situation est pire qu'avant 68, contrairement à ce qu'ils espéraient, car les films sont de plus en plus chers, les producteurs de plus en plus fauchés, ou ils ont carrément disparu, et puis, les jeunes cinéastes n'ont plus vingt ans, ils veulent du fric, eux aussi, des travellings, des figurants, des tournages en studio.

Les promesses lâchées au troisième étage du Plaza, entre deux portes, trois putes et quelques acides, sont autant d'hameçons auxquels tous s'accrochent.

Il n'y a pas que des metteurs en scène à se laisser embobiner : à ses collègues producteurs, Pierre Braunberger, Stéphane Tchalgadjieff, Jean Drucker, Barbet Schroeder, il réserve des postes en Amérique du Sud, au Moyen-Orient, il ouvrira des filiales à Hollywood et à Cinecittà, il montera des écoles de cinéma, rachètera des studios en sommeil, ressuscitera le Vieux-Colombier où il a déjà monté une troupe qui répète les passages chorégraphiques des *Chinois à Paris*.

Avec son ami Henri Langlois, le patron de la cinémathèque, il envisage un plan de restauration des chefs-d'œuvre en péril, avec diffusion à grande échelle du patrimoine cinématographique français. Après le roi Fahd d'Arabie, il a rencontré le ministre de la Culture algérien en vue d'ouvrir des salles à Alger, à Oran, et produire le prochain film de Lakhdar-Hamina :

— Ils vont nous donner la Palme, ils nous la doivent après ce qu'ils ont fait subir au peuple algérien.

A Lebovici, il promet la ruine : « Moi, patron de la Gaumont, les stars n'auront plus besoin d'agent pour négocier leur cachet. Comme à Hollywood, les agents d'acteurs seront réduits à un rôle de secrétaire, de mendiant, fini le chantage. »

Si on additionne l'ensemble des promesses de Rassam, ce n'est pas seulement le cinéma français qui l'attend, c'est le cinéma mondial.

Certains sont tellement pressés d'y croire qu'ils dépensent déjà l'argent. C'est le cas de Tito Topin, qui monte un studio, embauche des dessinateurs qu'il charge de redessiner le logo floral de la maison et l'architecture intérieure des salles : il faut que les spectateurs n'oublient jamais qu'ils voient un film Gaumont, c'est un projet sur plusieurs années, sur plusieurs continents, puisqu'on va ouvrir des salles au Brésil, au Liban...

Jean Yanne a eu l'idée de lancer *Jules*, un magazine, mais révolutionnaire, ça va de soi. C'est encore Tito Topin qui sera chargé de la direction artistique. Il n'y a plus qu'à créer une maquette. Hardi, petits !

Entre ses trips chimico-mondains, et ses orgies marxistes-léninistes, Rassam reste un homme d'affaires d'une efficacité redoutable. En anglais, en français, en arabe, en milliards de centimes et en pétrodollars, il achète ce qu'il a déjà vendu, il vend ce qu'il n'a pas encore acheté, il étend sa toile avec tant d'astuce que le projet Gaumont finit par prendre forme.

A la manière d'Howard Hughes, dont il aura été l'avatar miniature, Rassam se cloître dans sa suite du Plaza, où, défoncé du matin au soir, il peut se faire sucer l'orteil par une fille tout en téléphonant à Welles en Amérique, un verre de mescal à la main, un cigare de La Havane dans l'autre. Il raccroche pour appeler Polanski à Londres, Godard en Suisse, Langlois au palais de Chaillot. Il est increvable. Il appelle Nicolas Seydoux sept fois par jour, et il fait la cour à un type qui a l'oreille de Marcel Bleustein-Blanchet, patron de Publicis, Daniel Toscan du Plantier. Le type s'est occupé de la promotion de *La Grande Bouffe* et de *Tout le monde il est beau*, avec le succès qu'on sait. Rassam le méprise :

— C'est un bidon total, explique-t-il à Jean Yanne, il parle comme Giscard, ne connaît rien au cinéma, mais il me fait marrer avec ses airs d'aristo, on était à Sciences Po ensemble, c'est tout dans l'esbroufe et la flagornerie, mais on a besoin de lui par rapport au vieux Marcel.

Marcel Bleustein-Blanchet possède quelques pétales de la marguerite. Assez pour passer de 48,5 % à la majorité qu'ils recherchent.

— J'encercle, je noyaute, je pilonne. Sans nous, Gaumont est foutu. Ils ont perdu de Funès, ils sont passés à côté des Charlots, toutes leurs grosses cavaleries se ramassent la gueule. Au conseil, ils commencent à se poser des questions. Et nous, on va faire en sorte qu'ils s'en posent de plus en plus, des questions. A la Bourse, il n'y a qu'une chose qui compte : la confiance. La confiance ne repose jamais que sur des apparences, des rumeurs. Alors disons qu'il y a une rumeur qui enfle et qui dit que la Gaumont est au bord du gouffre. A la limite de déposer le bilan.

— D'où vient cette rumeur ?

— Devine ?

Il ne s'agit bientôt plus de rumeurs, mais d'attaques directes. Rassam fait paraître un long entretien dans le magazine *Adam* du mois de novembre : « Les Colères de Rassam le rouge ».

C'est une salve d'insultes à l'intention des distributeurs et des exploitants.

« Les financiers de cinéma sont pour la plupart des crétins. Leur démarche est une démarche de crétins (...) Et quand on leur apporte des idées, quand on leur amène Polanski, ils disent “Navrés, mais ça ne convient pas au style de la maison”. Le style de la maison, quelle bande de cons ! Comme si une maison de commerce devait avoir un style ! Et le style de Polanski, alors, ça n’est pas plus intéressant ? Même chose quand on leur amène Jean Yanne ou Marco Ferreri (...) Ferreri : je savais que ça coûterait 600 000 millions (anciens naturellement). Les exploitants n’ont pas donné un sou. Pas un. Il a fallu que je me débrouille autrement. Heureusement que je suis un roi de la trésorerie ! *Tout le monde il est beau, tout le monde il est gentil* coûtait 380 millions sans compter le salaire de Jean Yanne. Les exploitants offraient 120 millions. Que fallait-il faire ? Se contenter de leurs 120 millions et produire un film crasseux, ou chercher le complément ? J’ai cherché le complément (...) Dès que ça les change un peu de leur soupe habituelle, il n’y a plus personne (...) Le 7e art dépend entièrement de gens qui sont souvent les pires abrutis de la profession. »

Les abrutis en question reçoivent la presse, et ils savent lire ; le magazine *Adam* va circuler partout, notamment dans les bureaux de la Gaumont, il est lu avec d’autant plus d’intérêt qu’il propose par ailleurs un porfolio montrant Corinne Le Poulain à poil et en détail. Elle fait aussi la couverture. L’interview-fleuve se conclue ainsi : « Pauvres types, quand on est aussi borné, on passe la main. »

Poiré et Sallard, les « pauvres types » à la tête de Gaumont, sont d’abord sidérés, ils se taisent, mais ils ne sont pas du tout prêts à passer la main, malgré leur âge, ils vont tout faire pour stopper cette cabale et empêcher Rassam de prendre leur place.

C'est ainsi que le fisc est opportunément alerté sur la situation baroque du citoyen Rassam, qui mène grand train au frais d'une société de production qui ne lui verse aucun salaire.

En visite au Plaza, les contrôleurs des impôts ont droit au grand numéro de l'artiste :

— Je vais vous expliquer, messieurs. Ce sont des frais de représentation, des frais de bouche, des frais de cul, des frais de came. Vous avez bien une case pour ces frais-là ! Parce que c'est comme ça que ça marche, le cinéma. Dans les films, il n'y a pas que des héros, il y a aussi de l'héroïne ! Ha, ha ! Sexe, drogue et sunlights. D'où croyez-vous que nous tirons l'énergie qui nous permet de faire les petits polars que vous regardez le soir dans votre fauteuil ? De notre corps, qu'on brûle par les deux bouts. Si vous déduisez ma mort très prochaine de mes impôts, qu'est-ce qui me reste à payer ? Que dalle !

Il va quand même devoir payer, et quitter son hôtel. Il loue un appartement juste en face. Immense et vide. D'un chic moderne absolu. Il y invite le Tout-Paris, Rassam est grand seigneur. Les choses se présenteraient mieux si le vent insolent du succès continuait de souffler dans les voiles du pirate.

La Grande Bouffe triomphe partout dans le monde. Marco Ferreri se promène avec son gros ventre dans le quartier des Halles. Il y a ceux qui le reconnaissent, le félicitent ou l'insultent, et ceux qui le prennent pour Orson Welles.

Il marche, rue de la Cossonnerie, triomphant, profitant de sa gloire, entouré d'amis, très entouré, jusqu'à la palissade derrière laquelle depuis des années, un trou gigantesque, puits de scandales sans fond, verrue creuse de la gabegie parisienne, un trou qui ne sert à rien sinon faire regretter les pavillons Baltard démolis et les embouteillages qui au moins avaient du sens. Le trou des Halles sera bientôt aussi célèbre et visité que la tour Eiffel, tous les touristes veulent le voir. Ferreri n'est pas déçu, devant l'immensité qu'il aperçoit entre deux planches, il s'écrit : Quelle merveille !

Il est comme un fou, il exige et obtient illico l'autorisation de visiter ce cratère météoritique dans lequel, ça y est, c'est décidé, il veut faire un film, un western, car les parois de ce trou le font penser aux canyons du Nevada.

— Ça sera le premier western tourné dans Paris, explique Marco Ferreri, survolté par ce projet. Un huis clos sartrien avec des cow-boys et des Indiens, qui racontera la mort du général Custer lors de la bataille de Little Big Horn. Une histoire pleine de violence, de racisme, de sexisme : *Touche pas la femme blanche*, voilà le titre.

En aparté, Ferreri en résume la destinée secrète de ce film :

— Je viens de trouver le moyen de ruiner Rassam.

Quel besoin, quel plaisir, quelle sorte de haine pousse le réalisateur à vouloir ruiner celui qui a produit son meilleur film, celui qui l'a rendu célèbre, riche et qui devrait lui permettre de faire encore des films jusqu'à la fin de ses jours ? On a parlé de vengeance, Rassam n'ayant pas reversé à Ferreri ce qui lui était dû. Ruiner un homme qui vous doit de l'argent ? Mauvais calcul. *Touche pas la femme blanche* ne sera que le cadavre mal secoué du précédent film.

Le film sort à Paris le 23 janvier 1974. A quatorze heures, au vu des entrées de la première séance, la cause est entendue : Rassam se ramasse.

Devant l'entrée de la salle des Champs-Elysées qui projette le film, il pose la main sur l'épaule de son assistant, Pierre-André Boutang :

— Tu voulais une leçon de cinéma ? Eh bien voilà comment on perd huit millions de francs dans un film.

– 21 –

Le jour de la sortie des *Chinois à Paris*, Jacques Jurquet écrit dans *L'Humanité rouge*, l'organe central de son Parti communiste marxiste-léniniste de France, un éditorial dans lequel il réclame l'interdiction de ce film qui, dit-il, porte une grave atteinte à l'honneur de la Chine. Le cafteur maoïste a même écrit à Pompidou pour dénoncer ce crime contre la République chinoise.

Mao-Marcellin, même combat !

Foin de polémique, l'article passe inaperçu et ne fait rire que les intéressés, on a prévu autre chose pour faire parler du film.

Rassam et Boutang ont affrété un train à bord duquel, de ville en ville, une escouade de garçons et de filles-sandwiches assurent la réclame. Faute de convaincre complètement le public, cela impressionne les « exploitants », ces petits propriétaires des salles, très préoccupés par leur avenir. Car le monde change, il y a la télé couleur, et après la deuxième chaîne ils en ont ouvert une troisième, le cinéma américain envahit tout, la fin des grandes salles de cinéma a sonné, il va falloir construire des « multiplexes » qui proposeront cinq, six, dix films au même endroit, dans des minisalles de cent ou cent cinquante places, supposément rentables. Mais qui va les construire, et avec quel argent ? Sans aide de l'Etat, toujours lui, sans soutien des grandes sociétés de distribution, tout est foutu.

Rassam profite de la sortie du film de Jean Yanne pour se lancer dans une vaste entreprise de séduction auprès de ceux qu'il a traités de minables six mois plus tôt. Il se présente en sauveur : « Si j'avais dirigé la Gaumont, je n'aurais pas vendu le Gaumont-Palace à des promoteurs véreux. Quand je dirigerai la Gaumont, je maintiendrai le parc de salles. »

Ils sont séduits par le dynamisme de ce jeune loup qui les invite à dîner, à l'orientale, sans compter. Jean Yanne débarque au dessert, qu'est-ce qu'il est drôle ! Ils font la paire, ces deux-là. Ils arrivent à les faire rire en leur parlant d'argent, ils vont les faire pleurer en évoquant leur avenir. Rassam a des théories sur l'évolution du public, il jongle au pousse-café, à la suite de quoi il leur vend son projet : « Quand on aura pris la Gaumont, vous aurez tous les mois un film de Jean Yanne à vous mettre sous la dent pour remplir vos grandes salles. » Le problème, c'est que *Les Chinois à Paris* ne remplit même pas les petites. Le navire Rassam commence à tanguer.

— Il s'est évanoui, explique Anne-Marie au médecin des urgences. Il a pris quelque chose. Vous allez voir… Il s'est réveillé, mais il n'arrive pas à parler…

Ils traversent l'appartement, ils croisent des types que le médecin reconnaît plus ou moins, des actrices, un ancien boxeur, un chanteur de rock, des metteurs en scène allemands, tous passablement défoncés : c'est la cour des miracles non réalisés, l'hôpital des promesses non tenues par Jean-Pierre Rassam.

Arrivé dans la chambre, le médecin s'approche de Rassam, couché en travers du lit, groggy, le peignoir de bain à moitié ouvert. Anne-Marie les laisse seuls.

Le médecin s'assied sur le lit.

— Monsieur Rassam ? Monsieur Rassam ! Vous m'entendez ?

— Salut, toubib.

— Qu'est-ce qui s'est passé ?

— Bof. Je suis naze…

— Je vais vous ausculter.

— Vas-y. Ausculte !

Le médecin sort son stéthoscope de son cartable, enfile son tensomètre autour du bras de Rassam, puis il place la pastille sur la poitrine de son patient, et il écoute.

Anne-Marie attend dehors. Elle s'impatiente. Ça fait maintenant une demi-heure que le médecin est enfermé avec Jean-Pierre.

Elle frappe doucement à la porte. Pas de réponse. Elle frappe plus fort. Toujours rien. Alors elle entre.

Elle découvre le médecin endormi sur la poitrine de son frère, qui attend, semi-conscient, la fin de l'auscultation. Elle le secoue :

— Jean-Pierre ! Qu'est-ce qui se passe ?

Anne-Marie écarte le médecin qui roule sur le lit, endormi. En remontant la manche du toubib, elle découvre un bras constellé de piqûres.

— Il est complètement défoncé, ce salopard.

Rassam est aux anges :

— J'ai un nouveau médecin !

Au petit matin, Rassam lui apporte du café et des croissants :

— Docteur Samu ! Bien dormi ? Je te présente une fille géniale. Et en plus elle sait conduire. Elle va te raccompagner chez toi, et s'occupera bien de ton corps pendant trois jours.

« Docteur Samu » signe quelques ordonnances pour les uns et les autres de la bande, avant de partir avec la fille.

C'est d'accord, Rassam, Yanne et Seydoux peuvent enfin compter sur l'appui de Bleustein-Blanchet, mais ça ne suffit pas à composer une majorité. Il faut maintenant que Rassam ramène les 8,5 % de Bluhdorn.

Charlie Bluhdorn est un milliardaire américain, *self-made man*, il a débuté dans les pièces détachées automobiles avant de racheter la Paramount et d'acquérir des parts dans la Gaumont à la fin de la guerre. Les versions divergent sur les arguments que Rassam employa pour convaincre Bluhdorn de vendre ses parts. Toutes les versions ont été inventées par Rassam lui-même qui a parlé d'une cargaison de putes irrésistibles, laissant aussi entendre qu'il avait de très bons amis dans les Phalanges libanaises, il a expliqué par ailleurs que la Gulf+Western de Bluhdorn ayant pour premiers clients les compagnies pétrolières du Golfe, il avait su faire comprendre à l'Amerloque où était son intérêt.

Combien valent ces 8,5 % ?

« Pas trop cher », révélera Rassam dans les *Cahiers du cinéma.* C'est combien « pas trop cher » pour

Jean-Pierre Rassam ? Dix, vingt, trente millions de francs ? Rassam est le seul à donner des indications : « C'était moins cher que d'acheter trois salles sur les Champs-Elysées. » Sans précision sur le prix de ces trois salles. Une chose est sûre : il n'a plus l'argent. En fait, il ne l'a jamais eu. Il comptait sur les potentielles recettes des *Chinois à Paris*, l'échec du film a dispersé ces chimères.

Dès lors, une seule personne peut acheter les actions de Bluhdorn : Nicolas Seydoux. C'est lui qui descend à Monaco, avec Rassam, pour rencontrer l'Américain et négocier avec lui. Ses arguments sont simples :

— Avec vos 8,5 %, vous n'aurez jamais le contrôle de la Gaumont comme vous en aviez l'ambition, alors plutôt que de rester un actionnaire minoritaire et dormant, vendez-moi vos parts, dix, vingt, trente millions de francs, discutons.

Charlie Bluhdorn vend ses 8,5 % à Seydoux, qui devient seul maître du jeu à la Gaumont. Il n'a plus besoin de Rassam.

Par amitié, ou par compassion, il lui a réservé une sorte de « département recherche » afin qu'il puisse « exercer son talent », mais de quel talent parle-t-on ?

Rassam peut crier à la trahison, clamer vengeance, tout casser au siège de la Gaumont, insulter Poiré, frapper tel ou tel, il peut passer à la télé pour se plaindre du sort qui lui est réservé, et c'est ce qu'il va faire pendant un certain temps, le temps de lasser son public, il peut aussi faire peur aux standardistes avec ses intrusions tonitruantes, armé d'un pistolet à eau, menaçant de kidnapper les enfants de Seydoux, il a beau faire, le siège de la Gaumont n'est plus pour lui qu'une citadelle imprenable. Et son envie de dominer le monde, celui du cinéma, faiblit de mois en mois au fur et à mesure que la drogue, l'alcool et l'ennui le rongent. Le visionnaire amblyope ne représente bientôt plus rien sur l'échiquier de la production française, rien que des dettes et des admirations nostalgiques.

Les cinéastes qu'il a fait rêver peuvent ranger leurs projets, ils tomberont tous à l'eau. Et rien de ce qu'il a imaginé, ne se réalisera.

Tandis qu'il sombre, Alain Poiré et la vieille garde de la Gaumont reprennent du poil de la bête. L'échec du *Boulevard du rhum* est largement compensé par plusieurs succès, *La Folie des grandeurs*, *La Gifle*, le *Grand Blond*. Dès lors, comment le nouveau patron de la Gaumont, tout majoritaire qu'il soit, pourrait-il se passer d'un tel fabricant de blockbusters et le remplacer par ce trublion infréquentable ?

Avec eux, l'ordre règne, le métier de producteur est remis à sa place, qui n'est pas celle d'un créateur, quoi que Rassam en ait pensé.

Si Nicolas Seydoux veut changer la Gaumont, il ne le fera pas dans le sens souhaité par Jean-Pierre Rassam, et pour imprimer sa marque, il devra attendre. Attendre, ce mot que Rassam détestait, que tous les cinéastes détestent, attendre que les aînés quittent la carrière. Alors en attendant, celui qui prend la place destinée à Rassam, revêtant l'habit du félon, c'est

Toscan du Plantier. Un homme incomparablement plus rassurant pour un conseil d'administration dont les sièges sont occupés par des banquiers, des héritiers, des responsables, tout sauf des artistes.

A Cannes, cette année-là, ou peut-être celle d'après, dans le hall du Palais des festivals, Rassam frappe Toscan du Plantier au visage. Plus qu'une gifle, moins qu'un coup de poing, un geste mondain, enfantin, qu'il ne se lassera pas de raconter dans la presse, tant qu'elle voudra encore de lui, et après dans les bars d'hôtels :

— Vous me parlez de Toscan comme un grand producteur ? Mais qu'est-ce qu'il a produit ? Le plus mauvais film de Fellini, le plus mauvais Losey, le plus mauvais Bresson. Quel catalogue ! Et quels jeunes cinéastes a-t-il lancés ? Aucun. Est-ce que c'est lui qui a lancé Pialat ? Non plus. Il aurait pu faire tourner Godard, Fassbinder, Pasolini. Pas son genre. Pas son genre, le génie. Pas son genre, les audaces. Son genre, c'est d'aller pérorer sur les plateaux de télévision : « La Gaumont, c'est moi. » La Gaumont, c'est pas lui. La Gaumont c'est Poiré, ça a toujours été Poiré et ça le sera toujours. J'ai refusé de faire l'ENA, parce que j'ai compris que ça ne m'intéressait pas d'entrer au service de l'Etat si je ne pouvais rien changer à l'intérieur. A quoi bon prendre Gaumont si c'est pour faire les mêmes films que Poiré ? Au moins ceux de Poiré, ils marchent. Ceux de Toscan sont tellement nuls… Même ceux de Berri sont meilleurs. Claude, voilà le vainqueur ! Moi, je n'ai rien fait. Mais rien fait de mal.

Après que la Gaumont a changé de main, Rassam va continuer de vivre de projets avortés en rendez-vous manqués, de pourparlers décourageants en trahisons prévisibles, dix années de naufrage entraînant les ravages physiques, le découragement moral, le mépris de tout et l'abandon du reste. Ne restera que la came qui deviendra sa dernière raison d'exister.

Jean-Pierre Rassam est retrouvé mort le 28 janvier 1985, au 6, avenue de La Motte-Picquet, à Paris, dans la maison de sa femme, Carole Bouquet, avec qui il a eu un enfant, Dimitri, alors âgé de trois ans. Aujourd'hui, Dimitri et Thomas, les fils de Rassam et de Berri, exercent ce métier de leur père, ce métier sans lequel nous serions un peu plus stupides.

Ce livre ne serait pas ce qu'il est sans les emprunts faits à d'autres. Je n'ai pas voulu les signaler à l'intérieur du texte de crainte d'en contrarier la lecture, tant ils sont nombreux.

L'ouvrage qui m'a été le plus utile est celui de Mathias Rubin, *Rassam le magnifique*, paru chez Flammarion en 2007. C'est un formidable travail documentaire réalisé par un proche de la famille, lui-même producteur ; indispensable pour ceux qui voudraient en savoir plus sur la vie de Jean-Pierre Rassam, et s'approcher d'une exactitude qui n'a pas été mon but.

Je me dois de citer également :

Raoul Lévy, un aventurier du cinéma, de Jean-Dominique Bauby, paru chez Jean-Claude Lattès en 1995.

Ingrid Caven et *Entrée des fantômes*, de Jean-Jacques Schuhl, respectivement parus en 2000 et en 2010 chez Gallimard.

Les Jours obscurs de Gérard Lebovici, de Jean-Luc Douin, paru chez Stock en 2004.

Pialat, de Pascal Mérigeau, paru chez Grasset en 2003.

Une année studieuse, d'Anne Wiazemsky, paru chez Gallimard en 2012.

Roman, de Polanski, paru chez Robert Laffont en 1984.

Le film pornographique le moins cher du monde, de Fred Romano, paru chez Pauvert en 1999.

Godard, d'Antoine de Baecque, paru chez Grasset en 2010.

Jusqu'à l'aube, de Zouzou, paru chez Flammarion en 2003.

Biographie d'un sexe ordinaire, de Macha Méril, paru chez Albin Michel en 2003.

Jean Yanne, à rebrousse-poil, de Bertrand Dicale, paru chez First en 2012.

L'essentiel du dialogue du chapitre consacré à la rencontre purement fictionnelle entre Rassam, Godard et Abou Hassan est extrait du texte de Dziga Vertov à propos de *Jusqu'à la victoire*. Il est paru dans le catalogue de l'exposition « Godard, voyage(s) en utopie », qui s'est tenue au Centre Pompidou en 2006.

Il faudrait citer chacun des films de Charles Matton, Jean-Luc Godard, Philippe Garrel, Maurice Pialat, Jean Yanne, Marco Ferreri, et Jean Eustache. Ainsi que des émissions de télévision retrouvées sur le site de l'INA, les journaux et les revues de l'époque. Je m'en abstiens.

Comment ne pas évoquer les livres, les films et les interviews données par Claude Berri, que je me permets à mon tour, et comme tout le monde, de remercier.

Enfin, je sais gré à Macha Méril, à Sylvie Matton, à Pierre Grunstein, à Nicolas Seydoux de m'avoir accordé leur temps.

Mais c'est surtout à Arlette Langmann que je dois une fière chandelle, ses nombreux mails m'ont bien éclairé, ils ont le plus souvent contredit mon imagination, sans en venir à bout.

DU MÊME AUTEUR *(suite)*

Récits pour la jeunesse

À l'École des loisirs :

LE SECRET D'ÉTAT AUX YEUX VERTS.
JE MENS JE RESPIRE.
COPAIN TROP COPAIN.
MA COQUILLE.
LA DISPARITION D'UNE MAÎTRESSE.
LES LETTRES DE MON PETIT FRÈRE.
LA NOUVELLE VOITURE DE PAPA.
MON DERNIER LIVRE POUR ENFANTS.
AFRICAN PRINCE.
LE CHEVAL QUI SOURIT.
EMILIO.
VOILÀ COMMENT J'AI FAIT FORTUNE.
MON AFFREUX PAPA.
TROP COPINES.
LES RÊVES DE PAULINE.
TEMPÊTE AU HARAS.
MES DÉBUTS DANS L'ART.

Chez Gallimard :

TROIS MINUTES DE SOLEIL EN PLUS.
LE CHAGRIN D'UN TIGRE.

Chez Fayard :

MES DÉBUTS DANS L'ESPIONNAGE.
MES DÉBUTS DANS LES COURSES.
MES DÉBUTS À LA TÉLÉ.

Chez Grasset :

JEAN ET PASCAL.
LE FILS DE LA SORCIÈRE ET DU LOUP.

Chez Stock/Hachette-jeunesse :
LE DÉCALOGUE.

Ouvrages en collaboration

Au Chêne :
LE PLUS BEAU CHEVAL DU MONDE (avec Yann Arthus-Bertrand).

À la Martinière :
LE FABULEUX (avec Vincent Godeau).

Chez Filigranes :
UN ÂGE DE PIERRE ET DE BÉTON (avec Rip Hopkins).

Aux Trois Crayons :
PASSION CHEVAL (avec Hubert de Watrigant).

Chez Mango Jeunesse :
LE LOUP QUI MANGEAIT N'IMPORTE QUOI (avec Manu Larcenet).

Cet ouvrage a été achevé d'imprimer
en Italie dans les Ateliers de
Grafica Veneta S.p.A.
en avril 2014

Mise en pages PCA
44400 Rezé

PAPIER À BASE DE FIBRES CERTIFIÉES

Grasset s'engage pour l'environnement en réduisant l'empreinte carbone de ses livres. Celle de cet exemplaire est de :
880g éq. CO_2
Rendez-vous sur www.grasset-durable.fr

N° d'édition : 18421
Dépôt légal : août 2014

Imprimé en Italie